あたりまえを疑え!

臨床教育学入門

遠藤野ゆり
大塚類

新曜社

序　文

　「社会学って、どんな学問なんですかい？」──　ある日、タクシーの運転手さんとおしゃべりしていると、こんなことを訊かれた。「うーん、一言でいうと、社会や人間に関する『常識』とか『あたりまえ』を問いなおす、ってことですね。まあこれは、教育学や心理学、政治学や経済学でもまったく同じなんですけど」。「そうそう、そうだよね！　最近の若いひとには常識ってもんがないからねぇ！　ひとつ先生、学生さんたちを叩きなおしてやっておくんなさいよ！」

　… こりゃ、ダメだ … と脱力して、「はあ …」としか返せなかった私。でも心のなかではこう呟いていた。えっと、運転手さんが、「これが常識だ」とか「こうしてあたりまえだ」って思っていることを「なんで？」とか「ホントなの？」って問いなおすことから、学問は始まるんだけどなあ … と。

　本書もそうである。本書は、「臨床教育学」と呼びならわされている分野で、学問する。「えっ、ガ・ク・モ・ン?!　なんだかむずかしそう …」なんて、「引いちゃう」必要はない。本書は、オモシロじっくり・キホンの「キ」から、あなたがたを導いてくれるからだ。その導きは、あなたがた自身の「身体」について、ふり返ることから始まる。

　人間は、おのおの固有の空間感覚・時間感覚をもち、目・耳・口・鼻・皮膚という器官をとおして、外界を知覚する。そうやった

うえではじめて、物事や出来事、他者や社会に感情を抱いたり、解釈したり理解したり判断したりする、つまり認知という動作ができる。

だが、知覚というものは、ひとによって実はものすごく違いが大きいし、1人の人間のなかでもしょっちゅうズレたり狂ったりする。だから、当てにならないことが多く、他人と比べて不安になったりもする。とはいえ、ひとりひとりは、自分の知覚を当てにして、そしてそれに基づいて、物事や出来事、他者や社会について感じ考え、日々の生活を送り、生きていくしかないのである。

人間はひとりひとり、自分の身体感覚を頼りに、そこから生じた感情や認知を反芻したり応用したり発展させたりしながら、人間関係を生きている。そのなかで、「いじめられる側にも原因がある」とか「子どもを虐待する親は、愛が足りない」とか「先生は生徒の気持ちが理解できて当然だ」とか思ったり言ったりしている。

もし、あなたがたが、たとえばこんなふうに考えているとすれば、本書の学びは衝撃をもたらすであろう。あなたがたが、どれほど「あたりまえ」を疑わずに生きているか。「これが平均だ」「こうするのが普通だ」といった感じ方や考え方の〈枠組み〉を、どれほど自分だけの、あるいは、みんなとか社会といった曖昧な基準によって、つくりあげてしまっているか。こんなことに気づいて、「おお、目からウロコンタクト！」と思わず叫んでしまっているだろう。

人間は、身体をもった存在だから、経験できることは限られている。だから、どんなことを経験し、そこから何を感じ考えるかも、実はだいぶん、偏っているのだ。けれども、このことに気づくのはむずかしい。なぜなら人間は、似た者同士、気の合う者同士でコミュニティをつくるという習性をもっているからだ。同じような感じ方や考え方をする者同士でコミュニケーションをしながら毎日を

すごすのは居心地が良い。そんな仲間がいることは、生きづらい社会をなんとか生きていくためにも不可欠だ。

けれどもその反面、こうしたコミュニティは、あなたがたの認知・行動・情動の〈枠組み〉が、どんなふうに偏っているかを気づかせない力をもっているために、ひとりひとりにとっての別の選択肢やポテンシャルを排除してきたかもしれない。また、ひょっとするとこうしたコミュニティは、なんだか「キモい」ひとだとか、私と価値観が合わないひとだとか、私の欠点とか短所を意識させるひととなんか、一緒にいたくない、なんていう感情によっても、支えられて成り立っているかもしれない。

だとすれば一体、自分という人間は、どんなふうにして形成されてきたのであり、他者に対してどんなことをなしてきたのだろう。

教育について幅広く考えるということは、ふだん意識的・無意識的に「スルー」している、あるいは考えてもみなかった根源的な疑問を、自分自身に向け、自分なりの結論に達しようと汗をかくことから、出発するのだ。それは、たとえば「なぜ私は、あの子をいじめるのが快感なんだろう？」とか「なぜA先生は、モンスターペアレントのBの親にヘコヘコしてるんだろう？」とか「なぜ私は、学校に行きたくないと思いながらも何とか行けているんだろう？」といった問いだ。つまり、自己の原点に立ち返り、〈枠組みとしてのあたりまえ〉を「ブレーク」していくのだ。

教育について幅広く考えるというこうした営みは、あなたがたにとって、あるときは解放であり、またあるときは脅威でもあるだろう。

解放であるのは、たとえば「自分は将来のやりたいことが見つからない。周りと比べて劣っている、ダメ人間なんだ」などと考えて自分を否定していたのが、「なーんだ、いわゆる『キャリア教育』っ

て、ある特定のひとたちが、国や経済の都合を優先してやってるだけなんだ」ということがわかって楽になったりするからである。

また脅威であるのは、あなたがたの慣れ親しんだ、「あたりまえ」が相対化されて、たとえば「大勢のなかに長時間いると疲れちゃうＣちゃんに、学校は楽しいに決まっている、という自分の無意識の価値観でもって接して傷つけてきたんだ」なんて思って、居心地が悪くなるからだ。あるいは、その居心地の悪さから逃れたくて、「でもＣちゃんだって、変わろうという努力が足りないんだ」と自分に言い聞かせたりするけど、ほんとうは自己正当化しているのだとどこかわかっていて、いっそう居心地が悪くなるからだ。

本書は、教育について幅広く考えるというスリリングな営みの、最良の入門書の１冊である。「最良の」と私が言うのは、あなたがたの身近な出来事をとりあげていてなじみやすいとか、説明がわかりやすいといった親切さはもちろんのこと、問うべき根源的な問いへと、あなたがたをグッと引き寄せる力強さのゆえである。

この力強さはどこから来ているのか。それは、著者２人の、専門とする現象学的教育学のたゆまぬ研究の努力と、それが生みだしつづけているセンスと、まさしく身を粉にした教育実践の誠実さ(faithfulness)と、からである ── 日頃より著者２人と、たくさんのことを学び合うという恩恵(grace)に浴している私には、そうとしか感じられない。

人間の、身体・知覚・感情・精神の結びつきがいかに奥深いか。その奥深さゆえの生きづらさを抱えたまま成長し生きていく人間がいかに美しいか。そんな人間の創る社会がいかに堅くて脆く、そのなかでひとは互いに傷つけ合わざるをえないか。本書は、これらのテーマを掘り下げるヒントを存分に与えてくれ、かつ、生きてゆこ

うよ、と呼びかけてくるものである。この、はにかんだ希望の呼びかけに、応えてみてはいかがだろうか。あなたがたは本書で学んでいくうちに、なんだか自分の内側が充ち満ちて、誰かに語らずにはおれない、あるいは逆に、誰にも語りたくない、そんな発見（物語）にたどり着くだろう。そのときあなたがたは大地を踏みしめ、かけがえのなさというものを抱きしめているに違いない。

　2014年1月　　きりっと切ない冬の寒さのなかで
　　　筒井美紀（法政大学キャリアデザイン学部准教授）

まえがき

　教育にまなざしを向けるとき、そこにはつねに2つの問いがあります。1つは〈どの・ような問題を見るか〉であり、もう1つは、〈どのように・問題を見るか〉です。前者は知識の問題で、後者は観点の問題です。知識がなければ、何かを語ったり考えたりすることはできません。けれど、センスの良い観点がなければ、せっかくの知識も、ほとんど意味がありません。それどころか、へんに知識だけを覚えると、「最近の子育てはなっとらん」とか、「イマドキの若者はコミュニケーション能力がない」とかいった、押しつけがましく説教じみた教育論になりかねないのです。

　本書はそのため、教育問題を〈どのように見るか〉にスポットを当てています。第Ⅰ部の視点は、私たちが理解している現実の疑わしさです。第Ⅱ部の視点は、他者を理解するメカニズムとそのむずかしさです。第Ⅲ部の視点は、自分自身を理解する複雑さと不可能性です。本書が選びだしたこれら3つの視点は、ひととひととが関わり合い豊かになっていくことを目指す教育において、最も基本となるものであり、不可欠のものであり、にもかかわらず、実は自分のものにすることがとてもむずかしいものだと、私たちは考えています。

　これら3つの視点に即しながら、本書では、家族問題、児童虐待、発達障害、時空間感覚、いじめ、自閉症、カウンセリング、不登校、非行、キャリア教育という10のテーマをとりあげています。これらは、家庭や社会、そして学校といった場における、教育の今日的

課題のうちのいくつかです。

　本書の各章は、次のように構成されています。第1節は、教育問題の基礎知識です。それらの問題を考えるうえで、最低限知っておくべきことがらがコンパクトに詰まっています。第2節は、その問題を捉える際に必要な観点を提示しています。第3節は、第2節の観点にたって第1節（基礎知識）を捉えなおすものです。そうすると、あたりまえだと思っていた私たちの教育論は、まったく新しい問題として、現われてくることと思います。

　本という形にするために、上で述べた10のテーマは、私たちが用意した3つの視点のうちのいずれかに入れざるをえません。たとえば、「家族問題」は、第Ⅰ部「現実はどう理解されるの？」に入っています。けれど、家族の問題は、同時に他者理解の問題でもあり、自己理解の問題でもあります。ですから、家族問題は、3つすべての観点から考えていく必要があります。

　また、とりあげた10のテーマだけで、今日の重要な教育問題を網羅できるわけではありません。紙幅の都合で本書では載せられなかった多くのテーマも、これら3つの観点それぞれから、何度も読み解いていけるはずだ、いく必要がある、と私たちは考えています。読者のみなさまの本書を越えた学びが豊かに展開されますことを、心より願っております。

目　次

序　文（筒井美紀）　i
まえがき　vii

序　章　みんなと普通に生きられること
――〈枠組み〉としてのあたりまえ ─────── 1

　　序-1　普通とかみんなとかって何だろう　　1
　　序-2　責任を免除してくれる世間　　4
　　序-3　2つの物語　　5

第Ⅰ部　現実はどう理解されるの？　　13

第1章　家族の形 ── データから確かめる ─────── 15

　　1-1　家族をめぐるさまざまな問題の基礎知識　　15
　　　　1-1-1　子どもの貧困と学力　　15
　　　　1-1-2　離婚件数と離婚率　　16
　　　　1-1-3　ひとり親世帯　　18
　　　　1-1-4　親になれない親 ── モンスターペアレント　　19
　　1-2　曖昧な〈標準〉と統計資料　　21
　　　　1-2-1　みんなきっとそう思うはず　　21
　　　　1-2-2　標準世帯　　22
　　　　1-2-3　少子化とひとりっ子　　23
　　1-3　多様化する家族と問題の捉えなおし　　25
　　　　1-3-1　〈標準〉は何のため？　　25
　　　　1-3-2　本当に「モンスター」？　　26

第2章　児童虐待 ── 立場の違いを捉える ─────── 31

　　2-1　児童虐待についての基礎知識　　31
　　　　2-1-1　児童虐待の定義　　31

2-1-2	通告の義務	32
2-1-3	児童虐待の相談対応件数から読みとれること	33

2-2 視点によって見えてくる世界の違い　35
 2-2-1　創りだされた世界　35
 2-2-2　児童虐待は本当に増えたのか　36
2-3 虐待する親はモンスターなのか？　38
 2-3-1　愛していても虐待をしてしまう　39
 2-3-2　虐待の〈世代連鎖〉　40

第3章　発達障害 ── 多様に知覚し認知する ── 45

3-1 発達障害の基礎知識　45
 3-1-1　発達障害の定義　45
3-2 発達障害における認知の優位性　47
 3-2-1　聴覚優位と視覚優位　48
 3-2-2　その他の優位性 ── 線と色　50
3-3 知覚に由来する生きづらさ　50
 3-3-1　視覚　50
 3-3-2　聴覚　53
 3-3-3　味覚　55
 3-3-4　触覚　56
 3-3-5　嗅覚　56
 3-3-6　〈正常〉と〈異常〉の境目　57

第4章　生きられる時空間 ── 世界を信頼して生きる ── 61

4-1 時間感覚・空間感覚の基礎知識　61
 4-1-1　方向感覚と空間感覚　61
 4-1-2　時間感覚　64
 4-1-3　時空間の身体感覚からくる生きづらさ　65
4-2 生きられる時空間　66
 4-2-1　生きられる空間 ── 根をおろして住まう　66
 4-2-2　生きられる時間 ── 意味づけて分節化する　68
4-3 生きられる時空間と私たちの生　70
 4-3-1　生きられる空間にまつわる不安　70

	4-3-2	生きられる時間にまつわる不安	71
	4-3-3	時空間の安らぐ場所としての〈居場所〉	72

第Ⅱ部 他者はどう理解できるの？ 77

第5章 いじめ ── 雰囲気を共に生きる ── 79

- 5-1 いじめの基礎知識 79
  - 5-1-1 いじめ防止対策推進法の概要 79
  - 5-1-2 これまでのいじめ論 80
  - 5-1-3 新しいいじめ論①　スクールカースト 81
  - 5-1-4 新しいいじめ論②　優しい関係 82
  - 5-1-5 新しいいじめ論③　群生秩序 83
- 5-2 感情と雰囲気に関する現象学の知見 84
  - 5-2-1 雰囲気としての感情 85
  - 5-2-2 雰囲気に基づく他者理解 86
- 5-3 いじめ再考 88
  - 5-3-1 被害者原因論 88
  - 5-3-2 気づかないうちに強要されているいじめ 89
  - 5-3-3 後づけされる理由 90
  - 5-3-4 加害者が味わう〈理不尽さ〉 90

第6章 自閉スペクトラム症 ── 相手の気もちを理解する ── 93

- 6-1 自閉症の基礎知識 93
  - 6-1-1 自閉症をめぐる定義 93
  - 6-1-2 自閉スペクトラム症の特徴 94
- 6-2 感情移入論 95
  - 6-2-1 フッサールによる一方向的な感情移入 96
  - 6-2-2 浸透的で双方向的な感情移入 97
- 6-3 相手の気もちが理解できないつらさ 99
  - 6-3-1 気もちがわからないからこその衝撃 99
  - 6-3-2 感じとってもどうにもできない〈ズレ〉 101

第7章 カウンセリング —— 内なる声を聴く ——————— 105

7-1 学校におけるケア職についての基礎知識　105
7-2 カウンセリング　107
　7-2-1 カウンセリングの定義　107
　7-2-2 傾聴　108
7-3 傾聴のむずかしさと可能性　112
　7-3-1 傾聴は誰にでもできる？　112
　7-3-2 カウンセラーの苦悩　113

第Ⅲ部 自己をどう理解するの？　117

第8章 不登校 —— 語ることで自己をつくる ——————— 119

8-1 不登校の基礎知識　119
　8-1-1 不登校の定義と該当者数の推移　119
　8-1-2 不登校に関する法律的な問題　120
　8-1-3 不登校をどう捉えるか　121
　8-1-4 不登校者の進路とひきこもり　122
8-2 ナラティヴ・アプローチ　124
　8-2-1 セオリーとナラティヴ　124
　8-2-2 特定の立場からの物語とドミナント・ストーリー　125
　8-2-3 語ることが自己をつくる　126
8-3 不登校のナラティヴ　128
　8-3-1 不登校者自身の語り　128
　8-3-2 非不登校者は何を語るのか　131

第9章 非行 —— 自分をふり返り反省する ——————— 133

9-1 非行についての基礎知識　133
　9-1-1 非行の定義　133
　9-1-2 非行件数の推移　134
　9-1-3 非行への対応　136
9-2 反省とはどのようなことか　137
　9-2-1 思い出すことを可能にするもの
　　　　　—— 自己についての半透明の意識　138

	9-2-2　反省の無限ループ	139
9-3	希望につなげる反省は可能か	142
	9-3-1　反省指導において起きること	142
	9-3-2　反省の絶望を超えて	143

第10章　キャリア教育 ── 存在を肯(うべな)われて生き方を選ぶ ─── 147

- 10-1　キャリア教育の基礎知識　　147
  - 10-1-1　キャリア教育の定義　　147
  - 10-1-2　産業構造の変化　　148
  - 10-1-3　意識や資質をめぐる問題　　150
  - 10-1-4　キャリア教育の問題　　151
- 10-2　自尊感情　　152
  - 10-2-1　自尊感情の意味とジェームズの定義　　152
  - 10-2-2　ローゼンバーグの自尊感情尺度　　153
  - 10-2-3　基本的自尊感情と社会的自尊感情　　154
  - 10-2-4　基本的自尊感情 ── 存在の肯い　　155
  - 10-2-5　基本的自尊感情と社会的自尊感情のバランス　　156
- 10-3　自尊感情と自己選択　　159
  - 10-3-1　なりたいもの探しの落とし穴　　159
  - 10-3-2　理不尽な社会における自己選択とキャリア教育　　160

終　章　みんなと普通に生きつづけること ── 〈基盤〉としてのあたりまえ ─── 165

- 終-1　〈基盤〉としてのあたりまえ　　165
- 終-2　あたりまえだと思えなくなるとき　　167
- 終-3　あたりまえを疑うことができるのは　　169

あとがき　173

引用・参考文献　177

索引　180

装幀＝荒川伸生

序章 みんなと普通に生きられること
──〈枠組み〉としてのあたりまえ

　教育の見方を鍛えるこの本では、全体を通じて、次のことを考えたいと思っています。すなわち、私たちは、〈○○はあたりまえだ〉という枠組みの中で物事を考えているということ、その枠組みは、〈他のみんなもそれをあたりまえだと思っている〉という信念になっているということ、そして、その枠組みを疑うことが、教育の問題を考えることだということ、という3つです。そこで、本書を始めるにあたって、まず、〈普通〉とか〈みんな〉とか〈あたりまえ〉とかという言葉の意味を、考えておきましょう。

序-1　普通とかみんなとかって何だろう

　よのなかには、いろいろなひとがいます。自分のことを、フツーだと思っているひとも、変わっていると思うひともいます。他のひとを見ていて、あのひとなんだかヘンだなあ、と思うこともあります。ところで、何がフツーかということは、誰が決めたのでしょうか。私たちはなぜ、あるひとを見て、そのひとがなんだか変わってる、と思うのでしょうか。

　普通という言葉の意味は、辞書によれば、「特に変わっていないこと。ごくありふれたものであること。それがあたりまえであること」（大辞泉）です。つまり、平均的で、マジョリティ（多数派）で、ノーマル（正常）だということです。けれど私たちは、身の周りの

何が平均的で、何が多数派で、正常と異常の区分がどこにあるのか、知らないことの方が多いのではないでしょうか。たとえば、ひとが平均何足の靴をもっているのか、知っているひとは少ないでしょう。にもかかわらず、「たくさん靴もってるよねー」「そんなことないよ、フツーだよ」なんていう会話を、私たちはよくします。何が普通なのかわからないにもかかわらず、普通だ／普通でないと言える。これが、〈普通〉という言葉の特徴です。

〈みんな〉という言葉にも、同じような不思議さがあります。「みんなそう言ってる」。たとえばこんなふうに言うとき、「そう言ってる」という〈みんな〉とは、一体誰なのでしょうか。みんな、という言葉は本来、「そこにいる人すべて。全員。残らず。ことごとく」（大辞泉）という意味です。でも、地球上のすべてのひとが同じことを言うなんて考えられません。むしろ私たちは、周りの2、3人が「そう」と言えば、みんなが「そう」と言った、と感じるのではないでしょうか。そうだとしたら、私たちは一体なぜ、ほんの数人の意見を聞くだけで、「みんなそう考えてるんだ」と結論づけてしまえるのでしょうか。

現象学者のマルティン・ハイデガーは、〈みんな〉という言葉で表されていることを、das Man という言葉で表しています（ハイデガー, 2003）。これは、〈ひと〉という意味ですが、日本語では〈世間〉と訳されています[1]。〈ひと並みの生活がしたい〉と〈世間並みの生活がしたい〉という言葉は、ほとんど同じ意味ですから、こうしたニュアンスで〈世間〉と訳されているのです。

世間というものは、不思議です。自分をとりまいている周囲のひとびとが世間なのですが、その範囲は、家族とか友だちとかご近所だけではなく、なんとなく社会全体にまで及びます。何か不始末をしでかして〈世間体が悪い〉と感じるとき、社会全体が自分を非難

している気がしてしまいます。実際には「そんなことないよ、大丈夫だよ」と言ってくれるひとだっているはずですが、そういうひとたちは、世間の範囲に入らないのです。そういう一部の例外を除いた、ほとんどたいていの誰か、実際にはほんの2、3人でしかなくてもいいのですから、〈人間の総計〉でもない誰か、そんな存在を、私たちは、〈みんな〉〈ひと〉〈世間〉と呼びならわしています。

ですから、〈世間〉とか〈みんな〉とか〈ひと〉という言葉が指すのは、実際には、誰でもない誰か、という不可思議な存在です。にもかかわらず、私たちは、この誰でもない誰かと、ある関係の中で生きています。

児童養護施設で暮らすある女子高生は、携帯電話をもたせてもらえないことに不満をもち、「今はみんな携帯もつのが普通なんだよ」と語っています（大塚, 2009, p.65）。「みんな」もつのが「普通」なのです。この少女はだから、クラスメートから、携帯電話をもっていないとからかわれたのでも、それを理由にいじめられたのでもないにもかかわらず、自分はみんなとは違っている、と感じてしまうことになります。いうまでもなくこの少女は、携帯電話がもてないことそのものに不満を抱いているのではありません。携帯電話をもてないということが、施設で暮らすという自分の事情、普通の子どもとは何か違う自分の事情を、はからずもクラスメートたちに教えてしまう、そのことがつらいのです。

このことは、世間並みであること、普通であることを、私たちが強く意識していることを表しています。ほとんどたいていの誰かに通用する〈普通〉を、私たちはいつも気にしているのです。

普通を気にしている、ということは、必ずしも、みんながみんな同じようなことをしている、ということではありません。たとえばよのなかには、とても個性的なファッションを好むひと、いわゆる

ファッションリーダーがいます。こういうひとは、たしかに、普通のひとたちと同じ服装をしません。けれど、普通のひとたちよりも際立っているために、普通でありきたりなファッションがどのようなものか、よくよく研究したうえで、注意深く避けています。ということは、こういうひとたちも実は、〈普通〉をとても気にしているのです。

序-2　責任を免除してくれる世間

　さて、私たちが、世間のひとたちみんなにとって普通のことを気にしているのは、なぜでしょうか。世間に笑われたくないからでしょうか。個性的に生きたいからでしょうか。それもありますが、実はもっと大きな理由があります。そのことを、ハイデガーは、世間は私たちの「責任を免除する」（ハイデガー, 2003, p.330）からだ、といっています。

　私たちは本来、自分のことをすべて自分で決めることができます。たとえば学校の制服。校則に違反するからと帰されてしまうかもしれませんが、私服で学校に行くことは物理的には不可能ではありません。ですから、本当は毎朝私たちは、校則どおり制服を着るか、帰されることを覚悟で好きな私服を着るか、岐路に立っています。服を選ぶことは私の責任なのです。

　けれど、たいていのひとたちは、そんな責任を感じずに生きています。なぜなら、指定の制服で行く、ということが、世間並みの、みんなのやる普通のことだからです。

　つまり、世間という、どこにも実体のない不思議な存在は、私たちが何かを決めるときに、「大丈夫、それはみんながそうすること

だから、あたりまえだから」という仕方で、自分の責任を免除し感じないですむようにしてくれる、という役割をもっています。けれど、たとえば携帯電話をもてないことが恥ずかしいという少女のように、自分は普通ではないんじゃないか、と悩む場合には、今度はこの〈世間〉が私たちを苦しめることになります。

序-3　2つの物語

　最後に。この世間がいかに実体のないものなのか、にもかかわらず、私たちはそういう世間の〈あたりまえ〉の枠組みにいかにとらわれているのかを、次の2つの物語をもとに考えたうえで、この本の本題に入っていきましょう[2]。

　〔妻（40歳代）の物語〕
　私は、3歳下の夫と社内恋愛をへて結婚しました。夫は誠実ですが少々おとなしく、交際を申しこまれたときには、嬉しくもありおどろきもしました。実は、私の身内には、起業家気質なのか、会社を経営する者が多く、私もなんとなく、結婚するならそういうひとだと思っていました。なので、会社員の夫と交際しているあいだ、彼と結婚することに漠然とした違和感があったのですが、彼は、独立して会社をつくりたい、結婚してついてきてくれないか、と言ったのです。
　私の両親は祝福してくれ、会社の設立資金も出してくれました。それだけでなく、会社のことにかかりきりになる私たちの代わりに、家のことも手伝ってくれました。私も夫も、10年ものあいだ身を粉にして働き、その甲斐あって、何度か傾いた会社も、ここ

数年でようやく軌道に乗ってきました。新しい事務員を雇えるだけの余裕もできて、出資してくれた両親にもようやく顔向けができる、と喜んでいました。

　ちょうどその頃、待ち望んだ子宝に恵まれました。つわりがひどかったため、妊娠初期から会社を休むようになりました。夫は私のつわりにもあまり気づかってくれなかったので不満でしたが、男のひとはそんなものだ、と周りにも言われました。そんなこともありながら、難産で生まれてきたのは、私によく似た女の子で、私も両親もとても喜んだのです。

　ところが、つい先日、夫が会社の事務員の女の子と浮気していると知人に言われ、私は目の前が真っ暗になりました。まさかと思いながらも調べてみると、浮気の証拠はたくさん出てきました。最初は、彼女とはなんでもないと言い張っていた夫ですが、2人で食事している写真やプレゼントの領収書をつきつけると、しぶしぶ浮気を認めました。

　考えてみれば、変なことはいくつもありました。娘は夫になかなかなつきませんし、夫も、よく外食してきました。それなのに、毎日遅くまで仕事で、娘となかなか会えなくてかわいそう、もう少し落ち着いたら娘もきっとなつくはず、などと私は思っていたのです。家族のためにがんばってくれてありがたい夫だ、なんて信じていた私はすっかりだまされていたのです。化粧する余裕もなく夫と夫の会社のために身を粉にして働いた、それが悪かったというのでしょうか。

　この物語を読むと、多くのひとが、夫に腹を立てることでしょう。もちろん人間ですから、妻の側にも問題はあったのかもしれないけれど、でも夫が悪いことは、疑う余地のないことだと。では次に、

同じ物語を、夫の側から聞いてみましょう。

〔夫（40歳代）の物語〕

　妻とは以前勤めていた会社で出会いました。3歳上の彼女はしっかり者で、少し強引すぎる気もしましたが、気の弱い自分にはこのぐらい引っ張ってくれる人が合うのかなと思っていました。しばらくして、他のひとから交際を申しこまれている、と彼女が相談してきたので、さすがにと思って正式に交際を申しこみました。交際中も妻は、会社経営者でないとうちの親族と釣り合わない、会社を立ち上げることが結婚の条件だ、とよく言っていました。私は実家の親も平凡な公務員で、自分も、組織の中にいるのが合っている人間です。ですが、お金なら私の両親が何とかするから、と妻にしきりに言われ、会社を辞めて彼女と結婚することにしました。

　決死の覚悟で飛び込んだ起業生活でしたが、正直なところ、何とも居心地が悪いのです。私は肩書だけの社長で、実際には、すべてを妻が決定します。最初の数年は、会社がいつつぶれるのかとひやひやしっぱなしでした。おまけに、そのことで妻から、経営センスがないと、なじられつづけました。会社は最近ようやく軌道に乗ってきましたが、妻と妻の家族が実質、出資も運営もしているのは、会社のみんなも取引先のひとたちも知っていることです。あからさまに〈お飾り〉と呼ばれたこともあります。会社には私の気の休まるところがありません。

　けれど、家庭に戻ると、もっと私の居場所がありません。口下手でうまく言えなかったかもしれませんが、娘が生まれたとき、私は本当に嬉しかった。ところが、うちには毎日妻の両親がやってきて、あれやこれやと世話をやき、「男のひとはへただから」と

だっこ1つさせてくれません。当然、娘も、妻とその両親になついています。かといって、会社のお金を出してくれているのはすべて妻の両親、私は頭が上がりません。本当は遠方に住む私の両親にも孫を抱かせてやりたいのですが、とても言いだせる状況ではありません。

　会社の事務員の女の子とは、決して深い仲ではありません。会社でも家庭でも居場所がなく私が悩んでいたときに、彼女は、「たしかに奥様は仕事ができるけれど、人当たりもきついから、みんなが疲れてしまうときもある、会社がいま安定しているのは、穏やかな社長さんの人柄のおかげだ」と言ってくれました。もちろん上司の私に気を遣っただけでしょうが、それでも私は、気もちがすっと楽になり、会社にいることが以前より楽しくなりました。このときのこともそうですが、彼女は周りが気もち良く仕事ができるように気配りができる女性です。そういう彼女の労をねぎらって、残業が続いたときに、何度か食事に連れていったり、小さなプレゼントをあげたりしたことがあります。

　ですが、ある日妻が突然、それは浮気だ、と言いだしました。最初はそんなことない、と根気強く言っていましたが、気の強い妻はもともと、言いだすとひとの話を聞いてくれません。それに、私だって男ですから、事務員の女の子に、女性だからと優しくしてしまった部分が下心でなかったとは言いきれません。でも断じて、それだけの話です。会社を良くしたいのは妻も私も共通の目標、そう思ってきたからこそ慣れない社長業をがんばってきたのに、写真や領収書を突きつけて目をつり上げている妻は、ずっとそんな目で私を見ていたのか。私はばかばかしくなってしまい、浮気とでも何でも自由に思っておけばいい、と言ってしまいました。

出会いからいまに到るまでにこの夫婦に生じた出来事は、まったく別の物語になっています。妻の立場からすると、頼りない夫に尽くしてきた結果浮気をされた悲劇であることは、間違いのないものです。夫の立場で考えると、強引な妻に振り回されながらも努力してきたのに最後は浮気と決めつけられた悲劇であることは、間違いのないものです。なぜ、こんなことがおきるのでしょう。

　それは、妻は妻で、夫は夫で、これが普通の判断だ、みんなだって絶対にそう考えるはずだと、無意識のうちに信じているからです。交際や結婚を申しこんだのは夫だ、だから夫は私に対して責任があるはずだ。会社に出資をしたのは私の実家だ、だから夫は両親に恩義があるはずだ。娘が夫になつかないのは、夫の浮気を子どもの敏感さで感じとっていたからだ。こういう判断のひとつひとつを、妻は（そして同じような立場になれば私たちの多くは）、瞬時に下し、それが〈客観的〉に見て正しい感覚だと思いこみます。夫の側もまた、同じでしょう。

　このように考えてみれば、私たちが信じこんでいるみんな、私たちの判断をうながし、選択の責任を免除してくれるはずのみんな、普通や世間というのは、実体がないだけでなく、実に頼りないものだということがよくわかります。にもかかわらず、そのおかげで私たちは、何か1つ行動を起こすごとに、本当にそうしていいんだろうかなどと悩まず、安心して生きています。けれど、くり返しになりますが、このみんなとは、世間とは、実体のないものです。だから、ときに齟齬が生まれるのですが、たいていの場合ひとは、まさか自分の判断は根本から間違っていたのではないか、話は全部逆だったのではないか、などとは思わないで、傷ついてしまうのではないでしょうか[3]。

本書は、私たちが〈みんなそう考えるはず〉という〈あたりまえ〉の枠組みの中で物事を判断しているというところからスタートします。〈あたりまえ〉を疑う視点を提供してくれるのは、現象学という哲学です。現象学は、すべては私たちにとっての〈現われ（現象）〉にすぎない、という観点から現実を切り取っていきます。私たちが体験することは〈事実〉ではなく、〈それを事実として体験させてくれる何か〉によって支えられているものです。こう考えると、あらゆる現実も、その現実の中でとりわけ大きな問題となる他者も、あるいは私にとっての私自身も、〈現われ〉でしかないことになります。けれど、〈現われ〉でしかない現実や他者や自分が、そのように現われている、ということが、絶対的な重みをもっているのもまた確かなことです。

　ですから、私たちが事実だ、あたりまえだ、と思いこんでいることを疑ってみることは、単に知識が増えたり、異なった考え方ができたりするだけでなく、それまでとは世界が違って見える、という経験につながるはずです。それまでとは世界が違って見える。この体験を、私たちは〈学び〉と呼びます。

【注】
［1］本書で引用している渡辺訳では、この das Man を「世人（せじん）」と訳出していますが、この訳も、「世の人（よのひと）」、「よのなかのひと」という意味を表しており、「世間」と同じ意味だと理解してよいと考えられます。
［2］この物語は、中釜（2001）の p.2 以下の事例を参考にしながら、筆者なりのフィクションにしたてました。家族心理臨床の専門家である中釜は、家族それぞれの立場のもつれを、心理学の観点から丁

寧に解きほぐしています。

[3] もちろん「自分の判断は間違いかもしれない」と思って周りに相談するひともいます。でも、自分が〈根本から〉正しくないのでは、と思うことはめったにありません。もしもそのように本当に不安に襲われてしまったらどうなるか。この問題は終章でとりあげます。

第Ⅰ部
現実はどう理解されるの？

第1章 家族の形 ── データから確かめる

　序章では、私たちが〈フツー〉と思っていることの正体について考えてきました。それはなんだか実体のないもの、曖昧なもの、でもそのおかげで私たちが安心できるもの。それと同時に、場合によっては齟齬の原因になってしまうもの。本章では、〈フツー〉は普通ではないということを、もっと具体的に考えてみたいと思います。

1-1　家族をめぐるさまざまな問題の基礎知識

　一般に、教育の場は、学校と家庭（家族）と地域社会の3つ、といわれています。その中でも最も根本的で原初的なのは、家族でしょう。けれど、教育の場であるからこそ、家族をめぐっては、さまざまな問題がうずまいています。

1-1-1　子どもの貧困と学力

　近年、最も注目を集めている家族問題の1つに、子どもの貧困があります。貧困というと、内戦の続く国や難民問題を思い浮かべがちですが、いま、日本も含めて先進諸国は、貧困に直面しています。
　難民問題のように、飢餓に、そして死に直結するような貧しさを、絶対的貧困と呼びます。それに対し、日本のように、生死の問題に関わるわけではないが貧しさにより子どもたちの可能性が大幅に閉

ざされてしまうような状況を、相対的貧困といい、2つは次のように定義されています。

　絶対的貧困：1日あたりの生活費1ドルを貧困ラインと設定し、それ未満で生活しているひとびとの経済的状態。
　相対的貧困：国民ひとりひとりの所得を計算して順番に並べ、真ん中[1]のひとの所得の半分に満たないひとびとの経済的状態。

　日本は長らく、1億総中流、つまり、国民1億人みんなが、貧しくも豊かでもない〈中流〉だ、といわれてきました。ところがいま、子どもの相対的貧困率は、約16％に及んでいます。たとえ生死に関わらなくても、みんながもっている携帯電話が買えない、みんなの通える塾に通えない、それどころかみんなが食べてくる朝ごはんを食べる余裕がない、というように、相対的貧困が子どもたちに与える影響はとても大きいのです。

　貧困がもたらす問題の1つに、学力との関係があります。図1-1を見ると、家庭の経済状況が苦しい子どもほど、学力も伸びない傾向にあることがわかります。塾に通えないこともありますが、親は働かなければならないのでゆっくり子どもの勉強を見られない、精神的に落ち着かず子どもにもあたってしまうなど、子育てそのものにたくさんの影を落としてしまいます。

1-1-2　離婚件数と離婚率

　離婚数の増加も大きな問題になっています。図1-2を見てみましょう。
　この図を見ると、婚姻件数が減り、離婚件数が増えていること、

図 1-1 所得と学力の関係 [2]

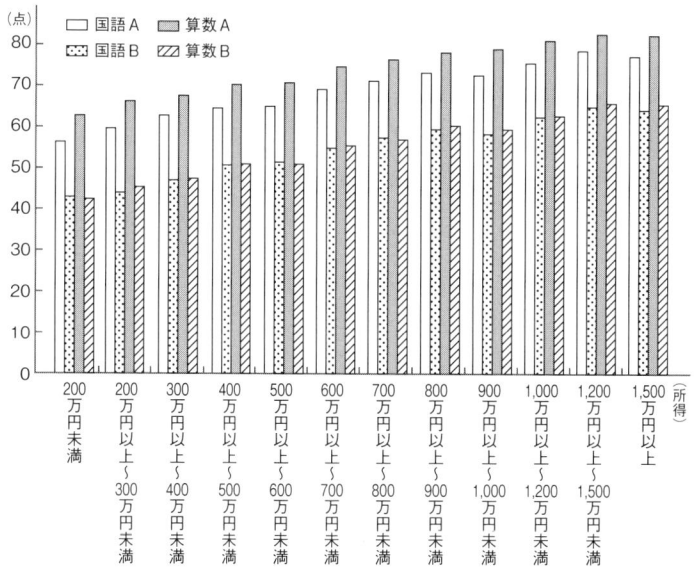

図 1-2 婚姻件数と離婚件数と離婚率の推移 [3]

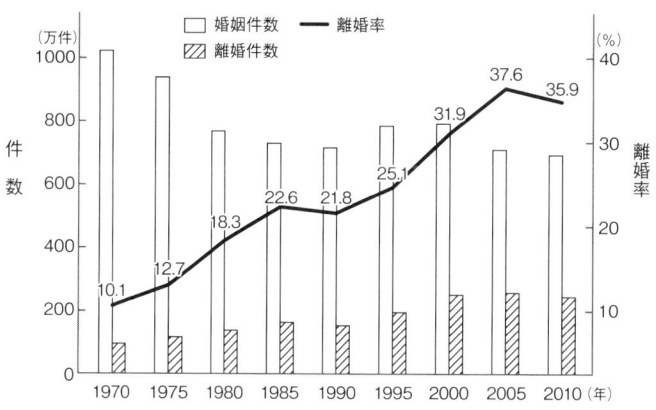

離婚率が上がっていることがわかります[4]。2010年現在離婚率は約36%、実に結婚した3組の夫婦のうち1組が、離婚しているのです。

1-1-3 ひとり親世帯

離婚などのようにパートナーと離別する、あるいは死別すると、再婚しないかぎり、ひとり親になります（ひとり親には未婚の親のケースもあります）。このひとり親をめぐって、やはり、子どもの貧困の問題が生じているのです。

表1-1は、世帯の種類ごとの所得[5]の平均を表しています。

表 1-1　世帯種類別平均所得[6]

全世帯	児童のいる世帯	母子世帯	父子家庭
538万円	658.1万円	291万円	455万円

所得が最も少ないのは、母子家庭です。多くの母子家庭では、母親は保育所に子どもを預けて働きに出ます。けれど、育児を夫に頼れず、子どもの風邪などでいつ早退するかもわからない女性が再就職できるところは限られています。正社員になれるのは半数にも満たず[7]、賃金は高くありません。くたくたになって帰宅し、急いでご飯を作って子どもに食べさせ、お風呂に入れ、寝かしつけ、今度はようやく掃除や洗濯をし、合間に睡眠をとる。そんな生活の中で、子どもにゆっくり言葉をかけたりする時間も不足してしまいます。

では、父子家庭には問題が少ないのでしょうか。たしかに所得は、母子家庭に比べれば高いですが、それでも児童のいる世帯の平均値

よりはかなり低いのです。さらには、福祉につながりにくい、という問題があります。母子家庭が低所得ゆえに生活保護などを受けざるをえず、その段階で、子どもを支援する福祉につながりやすいのに対し、一定の収入がある父子家庭では、福祉的支援に頼る機会が少なくなりがちです。しかし、正社員として働くことの多い父親は、子育てにかけられる時間がより少なくなります。父子家庭には父子家庭の、子育ての困難さがあるのです。

1-1-4　親になれない親 ── モンスターペアレント

　子育てをするということは、親になるということです。しかし、親になるということは、実は簡単ではありません。〈親が親になりきれない問題〉の中には、児童虐待や、モンスターペアレントの問題も含まれています。児童虐待については次章で詳しくとりあげるので、本章では、モンスターペアレントについて、簡単に述べておきましょう。

　モンスターペアレントという言葉は、マスコミなどを通じて、2000年代に広く知られるようになりました。きちんと定義づけられている言葉ではありませんが、我が子可愛さのあまり、学校に無理な要求を執拗に続ける保護者のことをさします。

　要求にもさまざまなタイプがあります。自分の子どもを最優先させてほしい、といった主張から、親の都合を何事にも優先させようとしたり、金品をねだったりする、というものもあるといいます。とはいえ多くの保護者とのトラブルは、日常的な場面で生じています。たとえば次のようすは、筆者がある小学校2年生の教室で実際に目にしたものです [8]。

公開授業の日、ももさんのお母さんは、ももさんの妹、ゆきちゃん（3歳）を抱いて、山下先生の教室の後ろから騒々しく入ってきた。ももさんは授業中なのもかまわず、お母さんに気づくとふり返って「お母さん」と声をかけ、嬉しそうに表情をほころばせた。お母さんもにっこりして、ももさんに手をふる。ゆきちゃんは、お母さんの腕から降りると、教室内を歩き始めた。お母さんはしばらくのあいだ、授業中の教室中を、ゆきちゃんを歩かせている。ゆきちゃんは、教室前方のももさんの席まで歩いていき、山下先生は困ってしまう。

　生活科の授業では、ヤゴについて調べる。山下先生は班ごとに調べたいことを決めるように指示し、「親御さんたちも、子どもたちの相談にのってあげてください」と言った。保護者は前に出てきて、子どもたちの話を聞き始めた。まさし君の父親は、まさし君のグループに行くと、他の子どもの話をさえぎり、「うちで育てるんだから、育て方を調べなくちゃだめだ」と言う。

　山下先生はこの後、他の保護者から、「一部にワガママな保護者がいて困る」という電話まで受けることになってしまいました。さて、一体誰が〈困ったおとな〉〈モンスターペアレント〉なのでしょうか。

　学校の先生は、さまざまな仕事を抱えています。しかし、保護者とのあいだでトラブルが発生すると、他の仕事が一切できなくなってしまいます。保護者とのトラブルから、精神疾患にかかり、離職する教師も増えています。

　とりわけむずかしいのは、どのような要求が〈無理〉な要求で、どのような要求ならば〈当然〉の要求なのか、線引きが曖昧だということです。困っているのは保護者も同じで、何か学校に相談した

いことがあっても、〈クレーム〉と捉えられてしまうのではないか、などという不安から、相談にいけないケースも出てきているといいます。

こうしたがんじがらめの状態を抜け出すために、親からの「イチャモン」という、あえてざっくばらんな言葉で、保護者からの相談を捉えようという試みもなされています[9]。行政も、対応に乗り出しています。東京都は、クレームではなく保護者からの相談として受けとめるように、という指針を出しています。たいていの保護者は、子どもの成長を心から願っており、先生と一緒により良い教育をしたいと願っていることを忘れないように、という指針です[10]。

1-2　曖昧な〈標準〉と統計資料

1-1では、家庭をめぐるさまざまな問題を見てきました。しかし、問題を「問題だ」と言っているばかりでは話は終わってしまいます。この節では、私たちはどのようにこの問題に向き合えるのか、その第一歩を考えてみましょう。

1-2-1　みんなきっとそう思うはず

次の文章には、本節でとりあげる問題が含まれています。何か、疑問に思うことはないでしょうか。

> 標準世帯を、両親に子ども2人という組み合わせで考えることがむずかしくなってきた。少子化の進む日本では、家族の形が変化してきている。その結果、ひとりっ子が増え、甘やかされしつ

けのできていない子どもの数が増加するなどの問題も生じてきている。

ひとによって、疑問に思うことはそれぞれのはずです。中には、どこにも疑問をもたないひともいるでしょう。

疑問に思わなかったところは、なぜ疑問にならなかったのでしょうか。序章の話をふまえると、それは、〈みんなきっとそう思うはず〉という感覚に私たちは支えられているからでした。そしてこの〈みんな〉とは、正体不明の、誰でもない誰かでした。

そうはいっても、ひとが平均して何足の靴をもっているのか、という問題に比べて、少子化とか、ひとりっ子とか、しつけとかの言葉ならば、私たちはもう少し確かな知識として知っていたり、イメージしたりすることができます。家族や教育の問題は、私たち誰もが当事者であるし、ニュース等でもひんぱんにとりあげられるからです。

1-2-2　標準世帯

たとえば、〈標準世帯〉という言葉。この〈標準世帯〉というのは、文字どおり、標準や基準になる、つまり普通の世帯のことです。

上の枠の中に書いてあるように、日本では、〈両親と子ども〉というのが、標準世帯です。以前は〈標準世帯〉というと両親と子ども2人の世帯をさしていましたが、最近は、両親と子どもの組み合わせならば、子どもの数を問わないことが多くなっています。その理由は後で考えるとして、ここで、図1-3をもとに考えてみましょう。〈標準世帯〉というのは、実際のところ、世の中の〈家族〉の何パーセントぐらいを占めるのでしょうか[11]。

両親と子どもという組み合わせの家族は、全世帯数の中で4分の1程度しかないことが、この図からは読みとれます。1番多いのは単独（単身者）世帯で、2010年では約37％。他に、子どものいない夫婦、親が1人と子どもの組み合わせ。家族の形は実にさまざまです。〈標準〉とはいうけれど、実際のところ、日本の世帯の大多数を示しているのではないことがわかります。すると、この標準を〈スタンダード〉とみなしていいのか、迷いが出てきます。

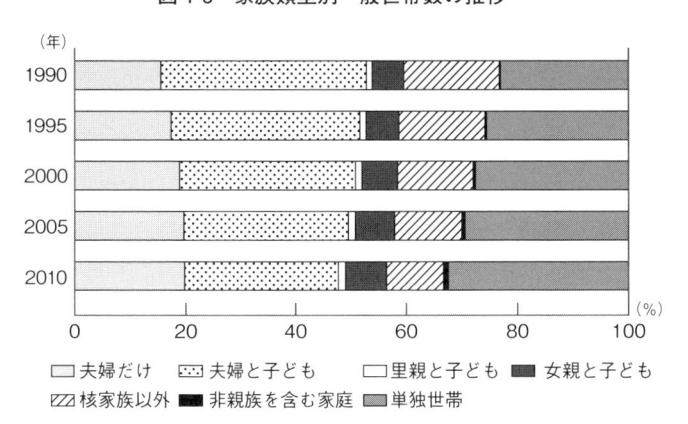

図 1-3　家族類型別一般世帯数の推移 [12]

凡例：□夫婦だけ　□夫婦と子ども　□里親と子ども　■女親と子ども　▨核家族以外　■非親族を含む家庭　■単独世帯

1-2-3　少子化とひとりっ子

　もう少し、統計データを見てみましょう。図1-4と図1-5に、2つのグラフが示されています。
　少子化が進んでいることは、図1-4からわかります。子どもの数は、第二次ベビーブームと呼ばれる70年代に比べ、約半分にまで落ちこんでいます。ところが、この少子化に伴ってひとりっ子が増

図 1-4　出生児数と特殊出生率の推移 [13]

図 1-5　結婚している世帯の子どもの数 [14]

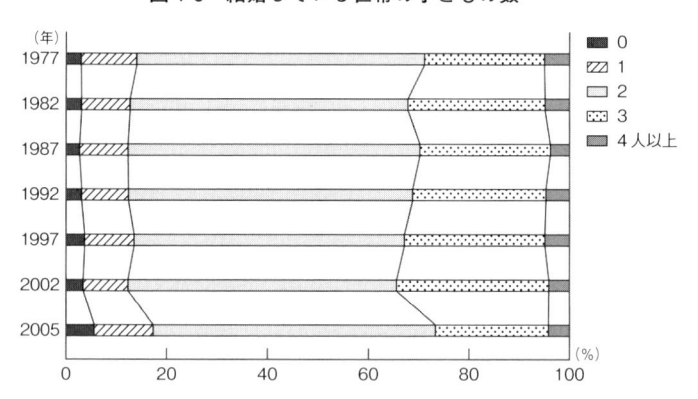

えたのかというと、図1-5からは、1970年代から2000年代まで、30年ものあいだ、ひとりっ子はほとんど増えていないことがわかります。

でも私たちは、一度は耳にしたことがないでしょうか。「最近、少子化で、ひとりっ子が増えたね」「最近の子どもは小さいときにきょうだいゲンカを経験していないから、人間関係のつくり方がへたなんだよ」、などと。

私たちが無意識に、誰でもない誰かに後押しされながら思いこんでいることの中にはたくさんの誤解があることに、注意する必要があります。だから、教育について考えるときの最初のステップは、数字をきちんと確認しておくことです [15]。

ここまで見てくると、当然のことながら、新たな疑問が出てきます。ひとりっ子の数は増えていない [16]。ではなぜ少子化は進んでいるのでしょう。これまでのデータから、2つの答えが導けます。図1-2からは、婚姻件数が減ってきていることがわかります。さらに図1-5にあるように、少しずつですが、子どもをもたない夫婦が増えているのです。少子化は、このような、非婚化と非出産化の中で生じているのです。

1-3 多様化する家族と問題の捉えなおし

1-3-1 〈標準〉は何のため？

子どもと家庭をめぐる家族の形は、実はとても多様になっていて、私たちが勝手に思いこんでいるイメージには、間違いがたくさんあることがわかりました。本書では目的がそれるので載せませんが、

統計学や数学を学ぶと、〈平均〉と〈中間値〉には大きな違いがあることや、同じ〈平均〉の中にも標準偏差や分布などたくさんのポイントがあることがわかります。こういう数字に敏感になることが、教育問題を考える第一歩です。

家族が多様化してきたことは、少しずつ知られるようになってきました。にもかかわらず、私たちは、〈標準世帯〉という言葉をよく使います。なぜでしょうか。それは、何かをイメージするときに、〈これぐらいが普通〉というものがあることが、私たちの考えの手助けになっているからです。たとえば、ニュースで小麦粉が値上げされると言われるときに、100グラムあたり10円、と言われるよりも、標準世帯で年間1万円、と言われる方が、切実さがずっと増します。そういう便利なものとして、〈標準〉は意味があるのです。

けれど、だからこそ私たちは注意深くならなければなりません。それは、本当に〈標準〉でしょうか。どのような意味で〈標準〉なのでしょうか。

1-3-2 本当に「モンスター」？

標準かどうかが話題になるのは、数字の問題だけではありません。私たちは、たとえ多少変わってるとか、個性的な面があるとしても、基本的には、自分が〈標準〉的な存在だと信じています。たとえば、〈モンスターペアレント〉になんて、標準的で普通で正しい自分はならない、と思っています。だからこそ、そういう親をこぞって非難もするのです[17]。

でもこのような親は、本当に困った〈加害者〉で、学校の先生たちが〈被害者〉なのでしょうか。私たちはたいていの場合、問題を〈加害者－被害者〉の構造で読み解くことに慣れています。けれど

ここで、序-3の2つの物語を思い出してほしいのです。立場が変われば、物語はまったく別のものになるのでした。

もう一度、山下先生のクラスの事例（p.20）に戻ってみましょう。

事例の中のゆきちゃんは、実は体が弱かったり発育が遅かったりと、とても育てにくい子どもなのかもしれません。お母さんは、そんなゆきちゃんの世話にてんてこまいで、ももさんには淋しい思いをさせてしまったと思っているかもしれません。だとしたら、お母さんが参観日に来てくれたことはももさんにはとても嬉しいことだし、お母さんも、授業中だとわかっていても、どうしても手を振りたくなってしまったでしょう。また、発育の遅いゆきちゃんが歩いてくれることは、教室の中だとしてもとても嬉しくて、止めるのが一歩遅くなってしまったのかもしれません。

まさし君のおうちは父子家庭で、お父さんは、まさし君のふだんの世話まで手が回らず困っていたかもしれません。そして、ヤゴを家で飼わせてあげたいけれど、忙しい自分は面倒が見きれないから、それでもまさし君の喜ぶ顔が見たいから、まさし君にはどうしても、ヤゴの飼い方を学んできてほしかったのかもしれません。ところがまだ幼いまさし君はそのことに気づかず、お父さんは思わず口出ししてしまったのかもしれないのです。

もちろんこれは、筆者の勝手な想像です。実際のところどうなのか、本当のことは、外からはわかりません。だから、いつも、自分は誤ったことを思いこんでいないか疑い、本当に確かなことは何なのか、自分の目で見て確かめることから、考えを深めていきたいものです。

そして、これから章を進めるにあたって、実はもう1つ、もっと大切なことがあります。それは、ひとの思いとは本質的に、不可侵の領域で、確かめることのできないデリケートな問題もたくさんあ

る、ということです。その意味や理由は、章を追うごとに、明らかになっていくことと思います。

【注】

[1] 注意したいのは、この〈真ん中〉は〈平均値〉ではなく〈中央値〉だということです。
[2] 文部科学省（2008）「全国学力・学習状況調査の結果を活用した調査分析手法に関する調査研究」（お茶の水女子大学委託研究）の研究結果です。
[3] 厚生労働省（2013）「人口動態調査」の結果をもとに筆者が作成しました。
[4] 離婚率には、人口1000人あたりに対して何人離婚したかという数字と、結婚した夫婦の数に対して離婚した夫婦の数を調べたものとがあり、多くの統計データでは前者が用いられています。本書では、結婚した夫婦に対し離婚した夫婦がどのぐらいの比率なのかをわかりやすくするために、後者のグラフを掲載します。
[5] 所得とは、税金や年金などが引かれる前の満額をさします。
[6]「国民生活基礎調査の概況」（厚生労働省, 2011）の「世帯別の所得の状況」をもとに筆者が作成しました。
[7] 厚生労働省（2006）「全国母子世帯等調査」によると、就業している母子世帯の母親のうち、正社員の割合は、全体の42.5％にすぎません。
[8] プライバシーに配慮し、個人が特定されないように一部を変更してあります。また人物名はすべて仮名です。
[9] 小野田（2008）参照。
[10] そもそも保護者を〈モンスター〉と呼ぶこと自体に、多くの疑義が呈されています。
[11] 答えは約27％です。

［12］国勢調査（2010）の「家族類型別一般世帯数」（2010年10月1日現在）の調査結果をもとに筆者が作成しました。この図表からは、1-1-3で触れた〈父子家庭〉の占める割合がとても低いことがわかります。だから、父子家庭の問題は見逃されてきたのかもしれません。
［13］厚生労働省（2010）「人口動態統計」をもとに筆者が作成しました。特殊出生率とは、1人の女性が一生のあいだに生む子どもの数の平均値のことです。なお、1947年〜1972年は沖縄県を含みません。
［14］国立社会保障・人口問題研究（2011）「第14回出生動向基本調査」の「結婚と出産に関する全国調査・夫婦調査の結果概要」をもとに筆者が作成しました。
［15］たとえば厚生労働省や総務省法務局のホームページを開くと、調査とその結果がエクセルデータで示されています。その中から大切だと思うところを抜きだしたり、その数値をもとに新たに計算してみるなどの作業をすると、より深いデータを得ることができます。
［16］厳密にいうと、図1-5にはありませんが2005年から2010年のあいだには、3人きょうだいが減り、ひとりっ子が増えています。この原因としては不況や相対的貧困率の上昇などが指摘されていますが、明確な回答には到っていません。これらの動向は今後、長いスパンで検討していく必要があります。
［17］そのように、自分を標準とみなすことは、自分を正しい側において安心したい、という思いの現われでもあるのではないでしょうか。たとえば、悲しい場面で涙を流さないひとを〈冷たい〉と非難することがあります。けれど、涙もろさは、感情をコントロールする力の強さによって決まるのであり、そのひとの心根の温かさを表すものではないことが、脳科学的には知られています。

第2章 児童虐待 — 立場の違いを捉える

　第1章では、家族をめぐるさまざまなデータやエピソードから、〈普通〉や〈標準〉は、実は、便宜的につくられたものだったり、私たちの思いこみだったりする、ということを見てきました。では、そうした思いこみをつくりだしているものは何なのでしょうか。本章では、メディアの影響について考えていきます。

2-1　児童虐待についての基礎知識

　現代の家族をめぐる大きな問題の1つに、児童虐待があります。自分の子どもを虐待してしまう親も、虐待をとめられない家庭も、やはり普通ではないのでしょうか。

2-1-1　児童虐待の定義

　2000年に、児童虐待の防止を目的として、児童虐待の防止等に関する法律が制定されました。同法第2条では、児童虐待の種類を4つに分けて、次のように定義しています。

　身体的虐待：児童の身体に外傷が生じ、又は生じるおそれのある暴行を加えること。
　性的虐待：児童にわいせつな行為をすること又は児童をしてわいせ

つな行為をさせること。
ネグレクト（育児放棄）：児童の心身の正常な発達を妨げるような著しい減食又は長時間の放置、保護者以外の同居人による前二号又は次号に掲げる行為と同様の行為の放置その他の保護者としての監護を著しく怠ること。
心理的虐待：児童に対する著しい暴言又は著しく拒絶的な対応、児童が同居する家庭における配偶者に対する暴力（配偶者（婚姻の届出をしていないが、事実上婚姻関係と同様の事情にある者を含む。）の身体に対する不法な攻撃であって生命又は身体に危害を及ぼすもの及びこれに準ずる心身に有害な影響を及ぼす言動をいう。）その他の児童に著しい心理的外傷を与える言動を行うこと。

これら4種類の児童虐待は、単独ではなく、重複して（たとえば、ネグレクトと心理的虐待、など）行なわれることが多いことがわかっています。

2-1-2　通告の義務

「マンションの隣の部屋から、いつも、親のどなり声と子どもの泣き声が聞こえる」、「あの子はいつも同じ服を着ている」、「あの子はたまに体にアザを作っているようだ」…。自分の身近にいる子どもや家族に虐待が疑われるとき、私たちはどうしたらいいのでしょうか。

児童福祉法第25条や、前述の児童虐待防止法第6条では、児童虐待（疑いも含む）を発見したひとに〈通告の義務〉を課しています。児童虐待を受けたと思われる子どもを発見したひとは誰でも、できるだけ早く、都道府県に設置されている福祉事務所や、児童相

談所に通告しなければなりません。たとえ勘違いの可能性があったとしても、子どもの安全や命がおびやかされているおそれがある以上、通告するのが私たちの義務です。

さらに、児童虐待に関する学校などの役割についても次のように決められています。学校は子どもたちが生活の大半の時間を過ごす場所であり、教員は子どもと最も密に関わるおとなです。ですから、学校と教職員には、児童虐待の早期発見のための努力義務が課されています。また、日頃から、児童相談所といった関係機関との連携強化に努め、被害児童・生徒に対して適切な保護が行なわれるように気を配ることが求められています。

2-1-3　児童虐待の相談対応件数から読みとれること

では、児童虐待の相談や通告の現状はどうなっているのでしょうか。

平成24（2012）年度に全国の児童相談所で対応した児童虐待相談対応件数は、6万6807件です（図2-1）。相談件数は増加の一途をたどっているのがわかります。平成12（2000）年度前後に件数が急増しているのは、この年に児童虐待防止法が制定されたからだと考えられます。

児童虐待が実際に起きている件数（発生件数）と、それがひとびとに知られている件数（認知件数）と、児童虐待に気づいたり悩んだりしているひとびとが児童相談所に相談する件数（相談件数）との関係は図2-2のようになります。統計発表される相談件数は、発生している児童虐待のごく一部でしかありません。その件数だけでも約6万7000件に及ぶことからは、児童虐待がどれほど深刻な社会問題であるのかがわかると思います。

図 2-1 児童相談所における児童虐待相談対応件数の推移

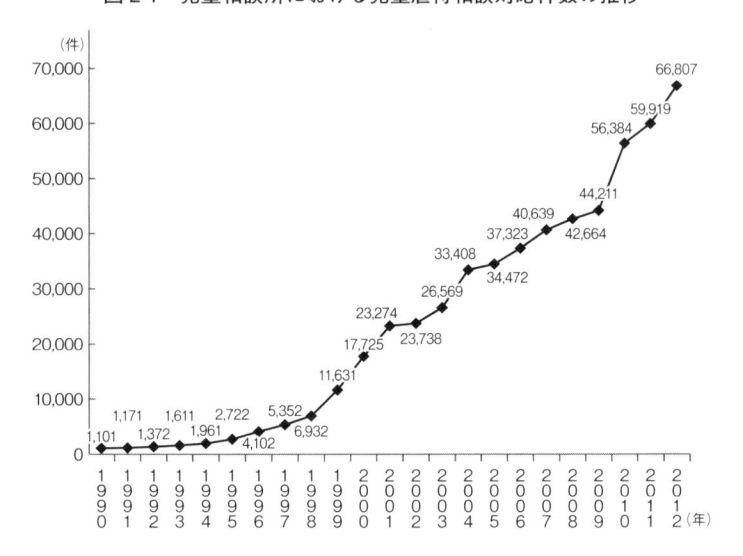

年	件数
1990	1,101
1991	1,171
1992	1,372
1993	1,611
1994	1,961
1995	2,722
1996	4,102
1997	5,352
1998	6,932
1999	11,631
2000	17,725
2001	23,274
2002	23,738
2003	26,569
2004	33,408
2005	34,472
2006	37,323
2007	40,639
2008	42,664
2009	44,211
2010	56,384
2011	59,919
2012	66,807

図 2-2 発生件数と認知件数と相談件数の関係 [1]

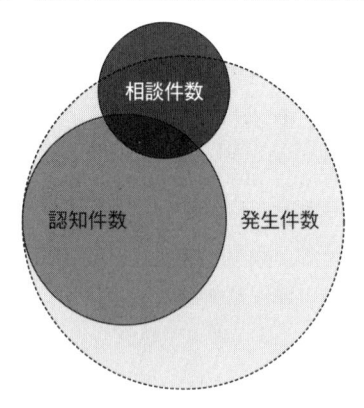

次に、2011年度の相談対応件数の内訳について見ていきましょう。種類別の内訳では、身体的虐待が37％、ネグレクトが31％、心理的虐待が30％、性的虐待が2％となっています。性的虐待の割合が極端に少ないのは、発見が非常にむずかしいからだといえます。

　虐待者別の内訳では、実母59％、実父27％、実父以外の父6％、実母以外の母1％、その他7％となっています。この数値からは、実の母親による虐待が多いことと、複雑な家族構成の家庭が多いことが読みとれます。

　虐待を受けた子どもの年齢構成は、次のとおりです。0〜3歳未満19％、3歳〜学齢前24％、小学生36％、中学生14％、高校生等7％。0歳から12歳までの子どもが約8割を占めており、低年齢の子どもに対して虐待が行なわれていることがわかります。

2-2　視点によって見えてくる世界の違い

　2-1では、児童虐待に関する基礎知識を学びました。そのうえで本節では、出来事を多面的に見ることの重要性について、メディアリテラシーの観点から考えていきます。

2-2-1　創りだされた世界

　ドキュメンタリー映画監督兼ノンフィクション作家の森達也は、私たちがさまざまなメディアをとおして触れている世界が、実は〈創られた〉ものであることを教えてくれます（森, 2006）。たとえば、学校の授業をテレビ局が撮りに来た場合。教壇で先生が板書しながら一生懸命にしゃべっているカットの後に、先生の声だけを残

して場面が切り替わります。一生懸命にうなずきながら聞いている生徒の映像が次に続けば、視聴者は、熱心な先生と生徒たちによるうまくいっている授業、というメッセージを受けとります。他方、あくびを噛みころしている生徒や、窓の外を眺めている生徒の映像が次に続けば、先生の熱心さが空回りしているうまくいっていない授業、というメッセージを受けとることになります。あくびやよそ見をしていたのが、たとえ一瞬であったとしても、です。

　こういうふうにメディアは、視聴者に伝えたい世界や世界観を創りだします。でも、世界を自分の都合の良いように創りだすのは、何もメディアに限ったことではないでしょう。私たちも、自分に都合の悪いこと、知りたくないことに関しては、見えなかったり、聞こえなかったり、気づかなかったりするのではないでしょうか。たとえば、恋人から、「バイトや勉強で忙しくてなかなか会えない」と言われたり、連絡が減ったり、たまに会えたとしても、恋人がぼんやりしていてなんだか楽しそうじゃなかったりした場合。私たちは、恋人の心変わりを疑いたくなくて、「忙しくて疲れてるんだね」、と思いこもうとしたりします。あるいは逆に、恋人や友人との関係で不安を募らせている場合などには、相手にはそんな意図がまったくないし、実はいつもと同じメールの書き方なのに、〈メールに絵文字を使っていないのは怒っているからに違いない〉とか、〈私のことが嫌いだからすぐにメールの返信をしないのだ〉などと、思いこんでしまうこともあります。

2-2-2　児童虐待は本当に増えたのか

　このように私たちは、自分の都合の良いようにも悪いようにも思いこんで、自分の生きている世界を創りだしています。家族をめぐ

る私たちのさまざまな思いこみについては、第1章で見てきたとおりです。では、児童虐待についてはどうでしょうか。児童虐待の相談件数が年々増えているのは、一般的によくいわれるように、核家族化が進んで、育児という重責を母親がひとりで担わなければならなくなったからでしょうか。家族を支える地域の力や、家庭や親の力が低下しているからでしょうか。

　児童精神科医の滝川一廣は、過去と現在の児童虐待数について次のように語っています。

　　おそらく「児童虐待」は昔のほうがもっと多かったのではないかということです。ただ、以前はアビューズというふうには認識されなかっただけでしょう。絶対数も児童人口比もおそらくいまのほうが減っているのではないか、と思います。社会全体をみれば現在の子育てはずいぶん手厚くなっています。（滝川, 2012, pp.98-99）

　かつては不適切な子育てや児童虐待という概念がなかったために、発生していても認知されなかったのです。では、過去の子育てとはどのようなものだったのでしょうか。明治時代後期から大正・昭和初期にかけての伝統的な山村の子育て状況について、教育社会学者の広田照幸は次のように述べています。

　　家の存続を考えた際、子供の存在そのものが邪魔になることもしばしばあった。口減らしのために、子供たちは簡単に養子や奉公に出されたし、家で大きくなった子供もその労働力が不要であれば出稼ぎに出されたりした。わずかばかりの田畑を買い足すために親が子供を放り出して働いたり、借金を返すために子供が売

られたりした話は数限りなくある。子供のために親が犠牲になる社会ではなく、親のために子供が犠牲になる社会だったわけである。(広田, 1999, pp.28-29)

　学校教育を受けさせないこと、子どもの世話を十分にしないこと、子どもを売ったり奉公に出したりすること …。これらを児童虐待とみなせば、滝川のいうように、児童虐待は昔の方が多かったと考えられます。現在の私たちが、〈子どもは十分に愛情を注がれて育つべきだ〉という価値観を当然のものとして、児童虐待への意識を高くもっているからこそ、児童虐待の相談件数が年々増加しているわけです。だとすると、〈昔に比べて家庭や地域や親の力が低下した〉、というのも、1つの思いこみといえるかもしれません。

　このように出来事や事実というものは「いろんな要素が複雑にからみあってできている」多面体であり、「どこから見るかで全然違う」(森, 2006, p.128)、と森は語っています。「視点を変えれば、また違う世界が現れる」のであって、その「視点は人それぞれ」違います（同頁）。この自分に特有の視点から切り取った出来事や世界が、〈私にとっての真実〉になるわけです。さらにいえば、私はいつも同じ視点や立場で出来事を見ているわけではないので、時と場合によって、同じ出来事も違うように受けとられたり、感じられたりします。真実はただ1つではないのです。

2-3　虐待する親はモンスターなのか？

　新聞・雑誌・テレビの報道、映像・文学作品、当事者の手記など、児童虐待に関するさまざまなメディアが巷にあふれています。逆を

いえば、私たちのほとんどは、こうしたメディアをとおした児童虐待しか知りません。「子どもを虐待死させた鬼母」「機能不全家族における毒親」といったショッキングな言葉を目にする機会も増えました。毎日のように報道される悲惨な虐待事件を目のあたりにすると、虐待をする親は〈毒〉や〈鬼〉といわれても仕方がない、とさえ思えてきます。

　でも、森がいっていたように、出来事は「どこで見るかで全然違う」とするならば、〈鬼母〉や〈毒親〉も、ある視点から切り取った側面でしかない、といえます。では、〈鬼母〉や〈毒親〉の立場や視点からは、児童虐待はどのように見えるのでしょうか。

2-3-1　愛していても虐待をしてしまう

　臨床心理士の長谷川博一は、虐待に悩む親のケアに取り組む会を立ちあげており、その会のメンバーの手記を、『子どもを虐待する私を誰か止めて！』という本としてまとめています。虐待を受けている子どもが親をかばうことはよく知られていますが、虐待をしている親の思いを知るすべはなかなかありません。しかし長谷川は、虐待は愛し合う関係にしか起きない、と言います。ある母親が長谷川に送ってきたメールには、子どもを愛しているのに虐待してしまうつらい思いが、吐露されています。

　　子どもには暴言を吐いてしまいますが、とても愛しく思っています。本当です。私の人生の迷路はどこまでグルグルと曲がっているのでしょうか？　出口は本当にあるのでしょうか？　疲れました。なんだかとても疲れました。でも私、今は死にません。死ねません。（長谷川, 2011, p.121）

虐待をしている親であっても、子どもを愛しているし、虐待をしたくしているわけではありません。気づいたら子どもに暴言を吐いたり、手をあげたりしてしまうのです。冷静になったときには、自分の行為を心から反省するのでしょう。でもまた同じことをくり返してしまう。そうした自分を、親自身が一番もてあまし、死にたいと思うほどに追いつめられているのです。

2-3-2　虐待の〈世代連鎖〉

　長谷川は、こうした親のケアに取り組んでいます。それは次の理由からだといいます。

> 　支援から取り残された子どもたちが成長し、そのうちの何割かが虐待する親に転じてしまったとたん、人々の視線は大きく変わる。「被害者」から「加害者」へと立場は入れ替わり、「守られる人」が「非難される人」になるのだ。同じ人間なのに、どの時点で注目されるかによって、まったく違う人間として見られるという現実がある。(同書, pp.3-4)

　1人の人間が、成長と共に、虐待の「被害者」から「加害者」へ、周囲に「守られるべき人」から「非難される人」へと変わっていきます。これまで本章では、自分の視点や立場が変わることで、出来事や世界が異なって見えることについて述べてきました。他方、虐待をする親の場合には、子どもからおとなへと成長するにつれて、気づいたら自分の立場が変わってしまいます。それに伴って、周囲のひとびとが自分に向けるまなざしも変わっていきます。その結果、親になった彼らにとっての出来事や世界の現われも、気づいたら変

わってしまっていたのではないでしょうか。親たちは、自分が親であるという自覚さえ希薄なまま、こうした状況の変化にとまどい、途方に暮れているのではないでしょうか。

このように、自分の意志とは関わりなく、年月がたつにつれて、おかれている立場や周囲の見方が変わってしまっただけ、という観点を強調するために、長谷川は、〈虐待の世代連鎖〉いう言葉をあえて使っています。

> 「あなたの過去がそうさせるのであって、あなたが悪い人だからではない」世代連鎖の思想は、力強くこう宣言するのだ。この宣言は、それまで「自分が悪い」と思い込み、自分を大切にするという形で力を使ってこなかった人たちに対して、「心の流れ」「運命の流れ」を一変させるほどの、コペルニクス的転換(エンパワメント)をもたらすこともある《中略》誤解されないために付け加えるが、「あなたは悪くない」と言うのは、けっして「いま、あなたがしている虐待が悪くない」と言うものではない。(同書, pp.36-37)

長谷川の本の中から、〈虐待の世代連鎖〉の典型例を1つ紹介しましょう[2]。

> 小学生のふたりの子どもをもつ里美さん(30代後半)は、物心がついたときから、泥酔した父親に物を投げつけられたり、殴られたりする日々を過ごしてきました。高校を卒業して家を出るまで、暴力をふるわれたり、電気代やガス代の節約を理由に入浴や深夜の勉強を禁じられたり、自分のアルバイト代をうばわれてしまったりする毎日を過ごしてきました。母親も親戚も父親に逆ら

えず、誰も彼女を守ってくれませんでした。

　結婚して子どもが産まれてからは、今度は里美さん自身が、子どもたちを叩いたり蹴ったりするようになりました。「宿題を教えて」と言う子どもたちに、「お願いだから、お母さんのために死んでちょうだい！　あなたたちさえいなければ、お母さんは何も悩まずにこんな家を出て行けるのに！　顔も見たくないっ！　二人ともどっか行けーっ！」、と叫んだことさえあります。暴力や暴言の後は一時的にスッキリしても、すぐに罪悪感に打ちのめされます。そのくり返しなのです。

家族に愛され、守られた経験のない里美さんは、自分の子どもをどのように慈しめばいいのかがわからないのでしょう。「あなたたちさえいなければ」という言葉は、子どもたちの存在を否定する言葉です。しかし同時に、子どもたちを愛しているからこそ、離婚などで現状を変えられないつらさへの叫びにも聞こえます。

　〈虐待の世代連鎖〉という言葉は、諸刃のやいばです。というのも、親や家族は自分で選べないので、負の連鎖から逃れられないという先入観を与えてしまうからです。と同時に、長谷川が述べているように、虐待を実際に行なっているのは親であっても、負の連鎖によって虐待させられているのだという、新たな観点を与えてくれるものでもあります。

【注】
［1］児童相談所に寄せられる相談の中には、実際には虐待ではないケースも多く含まれていると考えられるため、このような図になっています。
［2］長谷川（2011）に掲載されている事例を筆者が再構成しました。

第3章 発達障害 ― 多様に知覚し認知する

　第2章では、同じ出来事でも、それぞれの視点や立場によって見え方や受けとられ方が違っていることについて、児童虐待をモチーフにして学びました。出来事の見え方や受けとられ方を支えているのは、私たちの知覚と認知です。そこで本章では、私たちの知覚と認知の多様性と、知覚と認知における〈一般的〉や〈普通〉とは何か、ということについて考えていきます。なお、本書では、知覚を、〈五感で外的な刺激を受けとること〉と、認知を、〈そうした知覚に基づく判断〉と定義します。

3-1　発達障害の基礎知識

　〈発達障害〉のひとびとは、いわば〈一般的〉ではない、多様かつ極端な知覚と認知のあり方をしています。そうしたあり方はどのように定義づけられているのでしょうか。

3-1-1　発達障害の定義

　2004年に施行された「発達障害者支援法」第2条では、発達障害を以下のように定めています。
　　自閉症・アスペルガー症候群・その他の広汎性発達障害、学習障害（LD）、注意欠陥多動性障害（AD/HD）、その他これに類する

脳機能の障害であってその症状が通常低年齢において発現するもの。

　2012年に文部科学省が発表した「通常の学級に在籍する発達障害の可能性のある特別な教育的支援を必要とする児童生徒に関する調査結果」では、知的発達に遅れはないものの学習面または行動面で著しい困難を示す、とされた児童生徒の割合が6.5％とされています[1]。1クラスに児童生徒が40名在籍しているとして、2〜3名に発達障害のおそれがあることになります。でもこれは、「発達障害の可能性がある」と担任教諭が感じている割合であり、実際に診断を受けている児童生徒数ではありません。
　〈発達障害〉という言葉を独り歩きさせないためにも、正確な定義と判断基準を押さえておく必要があります[2]。では次に、それぞれの定義と判断基準を見ていきます[3]。

・学習障害（LD：Learning Disabilities）
　〈定義〉全般的な知的発達に遅れはないが、聞く、話す、読む、書く、計算するまたは推論する能力のうち、特定のものの習得と使用に著しい困難を示す様々な状態のこと。その原因として、中枢神経系に何らかの機能障害があると推定されている。
　〈判断基準〉(1) 認知能力と国語等の基礎的能力にアンバランスさが認められる。(2) 視覚障害、聴覚障害、知的障害、情緒障害などの障害や、環境的な要因が直接の原因となるものではない。

・注意欠陥多動性障害（AD/HD：Attention-Deficit/Hyperactivity Disorder）
　〈定義〉年齢あるいは発達に不釣り合いな注意力、および／ま

たは衝動性、多動性を特徴とする行動の障害で、社会的な活動や学業の機能に支障をきたす。7歳以前に現れ、その状態が継続し、中枢神経系に何らかの要因による機能不全があると推定される。

〈**判断基準**〉（1）注意散漫、集中が続かないといった〈不注意〉、じっとしていられない、過度にしゃべるといった〈多動性〉、我慢することがむずかしいといった〈衝動性〉のうちのいくつかが7歳以前に存在し、社会・学校生活に支障をきたしている。（2）学校や家庭など複数の生活場面で著しい不適応が認められる。（3）知的障害（軽度をのぞく）、自閉症などが確認できない。

　発達障害は、障害ごとの特徴が重なり合っている場合が多かったり、めだつ症状が年齢や環境によって違ったりします。だから、はっきりした診断がむずかしいとされています。障害の種類が何であるのかよりも、その子どもが何を困難に感じているのか、という視点が必要になります[4]。

3-2　発達障害における認知の優位性

　発達障害の定義をふまえたうえで、本節では、〈認知〉という観点から発達障害について見ていきます。人間の多様な認知能力について研究している岡南は[5]、発達障害の専門家との共同研究の中で、〈聴覚優位性〉と〈視覚優位性〉という2つの認知のあり方を提案しています[6]。

3-2-1 聴覚優位と視覚優位

・聴覚優位

　通常、私たちがあるモノを覚える場合、その実物あるいは写真や絵と、その名前を対応させます。たとえば、リンゴの実物や写真や絵を見ながら、「リンゴ」と覚えます。さらに、そのリンゴを使ってアップルパイを作る場合ならば、レシピを読んで手順を理解できます。このように言葉を聞き覚え、理解し、知識として積み重ねて思考するスタイルを、〈聴覚優位〉と岡は呼んでいます [7]。私たちには聴覚優位の割合が多いといわれています。だからこそ、学校教育は、文字で書かれた教科書を使って、書かれたり発せられたりした言葉の意味を理解することで進められているわけです。聴覚の優位性が特に強いひとの場合には、過去に聞いた言葉が、ほぼそのままの状態で保存され、いつでも思い出すことができます。

・視覚優位

　他方、認知の中で視覚が優位なひとは、視覚的に絵や図を使った方が、記憶や思考や理解がしやすい、と岡はいいます。発達障害のひとびとの多くが、視覚優位であるといわれています。視覚優位のひとびとは、モノの名前を覚えることなく、モノそれ自体の映像を覚え、その映像を使って理解したり考えたりします [8]。リンゴをふたたび例に挙げれば、「リンゴ」と名前を覚えるのではなく、リンゴの映像を覚えるわけです。アップルパイの作り方の場合には、手順が映像として思い浮かぶことになります。

　さらに岡によれば、視覚優位のひとびとの中には、〈映像思考〉を行なっているひともいます。映像思考とは、物事を映像で記憶し、

それをもとに考えることです。

　映像思考のもとになるのが、映像のままの記憶だと考えられます。映像思考の人の脳裏には、現実の目から見えるものとは別にモニターがあります。私の場合にはそこには、過去の記憶などは、映画のように色彩豊かで動きもともなう当時見たままの画像が映ります。《中略》文章を読むときには、読んだ内容がいちいち映像に変換されますから、読む速度は人よりはだいぶ遅くなります。会話をしているときにもその内容が映像に変換されますから、長い話のときには途中で理解不能に陥ることもあります。映像になりやすい具体的なことは良いのですが、映像に変換されにくい言葉は、映像にならないがために記憶として残りにくいのです。しかし文章の内容をいったん映像化しておくと、かなり長い間、時には何十年もの間忘れることなく保存されます。ちょうど映像記憶が頭の中で圧縮パックされ、保管されているようなものです。
（岡, 2010, p.37）

　また、映像思考のひと同士であれば、映像でコミュニケーションをとることさえ可能であるといいます。たとえば、映像思考のAさんが、ディズニーランドに行きたいと思いながらその映像を思い浮かべている場合。同じく映像思考のBさんにも、ディズニーランドの映像が思い浮かぶため、Aさんが「行きたい」とさえ言えば、それがどこであるか言葉で伝える必要はないわけです（同書, p.38参照）。

3-2-2 その他の優位性 ─── 線と色

さらに岡は、視覚認知の中には〈線優位性〉と〈色優位性〉がある、といいます。線優位性のひとは、色彩より文字を含む線に感度が高く、いくぶん二次元的な奥行きのない空間認知をしているそうです。色優位性のひとは、線より色彩の感度が高く、奥行き感のある三次元的な空間認知をしているそうです。岡は、線優位性が際立っている画家としてモディリアーニやロートレックを、色優位性が際立っている画家としてワイエスを挙げています（同書, p.42 以下）。

認知のさまざまな優位性についてここまで見てきました。私たちはみな、視覚・聴覚・色・線すべての優位性のどこかの部分を合わせもっている、と考えられます [9]。これら優位性の偏りがかなり強い場合に、〈障害〉とカテゴライズされるのでしょう。

3-3 知覚に由来する生きづらさ

3-2 で学んだ認知の優位性をふまえ、この節では、主に発達障害のひとびとの語りを手がかりとしながら、五感それぞれに由来する生きづらさについて考えていきます。

3-3-1 視覚

・視覚過敏

太陽や蛍光灯の光をまぶしく感じてしまう、〈視覚過敏〉といわれるひとびとがいます。彼らは、外出時には帽子を目深にかぶった

図 3-1　線優位性と色優位性が際立つ絵画

アメディオ・モディリアーニ
「大きな帽子をかぶったジャンヌ・エビュテルヌ」(1918 年)

アンドリュー・ワイエス
「冬の水車小屋」(1978 年)

り、サングラスをかけたりします。室内でもまぶしくて帽子がぬげなかったり、黄色やオレンジ色の柔らかな間接照明でないと落ち着かなかったりします。作家の江國香織は、視覚過敏のひとの世界について、次のように詩的に表現しています。

　春になると電車の読書がちっともはかどらないのだ。晴れた日は窓ごしに空気の粒がぴかぴか光り、時々はっとするほどぴかぴかな黄色でれんぎょうが視界にとびこんできて、れんぎょうの横にはたいてい雪柳か小手鞠が、こぼれそうに白く咲いている。雨の日は雨の日で、交互に植えられたさみどりの柳と淡いピンクの桜とが、線路ぞいにふわふわにじんでとろろこぶのおつゆみたいになり、ついついめをみはってしまう。（江國, 1998, pp.20-21）

　視覚過敏に由来する生きづらさというよりは、作家ならではの感性で、光あふれる世界の美しさを切り取っています。〈過敏〉という言葉を使ってしまうと、障害や困難さといったネガティヴなニュアンスが加わってしまいます。しかし、江國が描いているように、何かに過敏であることは、困難さやつらさと同じくらいの豊饒さを感じられるということでもあります。そのため本書では、以後、〈過敏〉のかわりに、〈センシティヴ sensitive〉という言葉を使いたいと思います。

・視覚優位に由来するつらさ

　視覚におけるセンシティヴさは、まぶしさといった感覚的なものです。他方、視覚優位のひとびとの中には、自分の思考内容に加えて、聴こえてくる言葉や目に映る文字がすべて映像化されてしまい、その映像で視野がふさがれてしまうひともいます。アスペルガー症

候群の当事者である磯崎祐介は、さまざまな指導法が駆使される大学の講義を受けることの困難さを、次のように描いています[10]。

> 私にとってさらに大変なのは、映像化されるのが、教員の発話だけではない点である。パワーポイントのスライドの内容、レジュメの内容、板書の内容、さらには、それらから喚起される自分自身の思考内容すべてが、映像化されてしまう。聞こえてくる言葉だけではなく、目に映る文字や、自分の思考内容が次々と映像化されることで、そちらに意識が向いてしまい、板書やパワーポイント資料をノートにとる、ことがむずかしくなってしまう。
> （磯崎, 2014, p.160）

自分の頭の中の言葉と、目や耳から入ってくる言葉がすべて映像化され、重なり合って視野を覆ってしまうため、実際に見ているはずの黒板やスクリーンやノートが見えなくなってしまいます。すると、板書やパワーポイント資料の文章を、ノートに写すことができなくなってしまうわけです。

3-3-2 聴覚

・聴覚におけるセンシティヴさ

視覚同様、聴覚がセンシティヴなひともいます。〈聴覚過敏症〉のひとが生きている世界を追体験できる、Auti-simというパソコンゲームがあります[11]。Auti-simでは、外で楽しそうに遊んでいる子どもたちの歓声が、「キャー！　キャー！」という鋭く耳ざわりな叫び声に聞こえます。叫び声がひっきりなしに聞こえてくる不安から自分を守るかのように、プレイヤーが操作する子どもは、ア

ルファベットを呟きつづけています。

　このように聴覚がセンシティヴなひとびとには、私たちからすれば普通の話し声や日常の生活音が、おびやかされるほどの騒音や耳ざわりな音に聞こえているわけです。そのため、日常生活を営むために耳栓が欠かせない、というひとも多いようです。

・聴覚飽和

　アスペルガー症候群の当事者である綾屋は、聴覚がセンシティヴなために、聴覚が飽和して言葉が聞きとれなくなっていくようすを詳細に描いています。

> 　にぎやかな居酒屋にいる時《中略》初めのうちは何とか、騒々しい空間の中から向かいで話している人の声だけを拾い集め、内容も理解することができる。しかし十分もしてくると、向かいの話者の話と、左側でひそひそと肩を丸めて話している仕事の愚痴話の両方が等しく聞こえ始める。《中略》その後には少し離れたテーブルのそれぞれ別の話題、奇声、笑い声、大声や、注文を受けるたびに店員さんが張り上げる威勢のいい掛け声、それらの声の隙間を縫うように流れ込む軽快なBGMなどが溶け合い、ぼあんぼあんとした音の霧となって私を覆うようになる。それまで意味と共に理解できていた向かいの人の声も左側のひそひそ話も、細かな粒となって空気中のたくさんの他の音の中に散ってしまうため、拾い集めるのが困難になり、水の中で聞いている声のように不明瞭で、主に声の抑揚（韻律）のみのハミングを聞いている感じになる。（綾屋他, 2010, pp.19-20）

　聴覚がセンシティヴだからこそ、一定の許容量を超えてしまうと

聞きとれなくなってしまうのです。こうしたあり方は、「またぼんやりして聞いていない」、などと相手に受けとられてしまいがちです。しかし、視覚とは違って、耳を閉じて聴覚を遮断することは自由にできません。そのため、聴覚がセンシティヴなひとは、つねに音の洪水に身をさらすつらさの中にいるわけです。

3-3-3　味覚

おいしいものを食べつけていて〈舌が肥えている〉ということとは別の次元で、味覚に対するセンシティヴさを備えているひとびともいます。発達障害の当事者である中学生は、自分の味覚のセンシティヴさについて次のように語っています。

> 魚やエビ・カニは近くの海でとれたものは好きだけど、遠くから運ばれていると生臭くて食べられなくなります。トマトの場合は、冬は食べられないけど、夏に近づくにつれて食べられるようになります。《中略》きっと旬が関係しているんだと思います。《中略》料理の中の普通のカブが口に入った時にはひどい味がしました。それは牛小屋の臭いにそっくりだと思えたのです [12]。

通常私たちは、食べものの〈好き嫌い〉は単なるワガママでしかない、と捉えてしまいがちです。しかし、私たちには理解できないような繊細さで味覚を感じており、どんなに努力をしても、ある食べものを口に運べないひともいるのです。

3-3-4 触覚

触覚に対するセンシティヴさやここちよさの感覚も、多種多様です。プラスチックや金属のつるつるすべすべとした表面をさわるのが好きというひともいれば、木や土の自然なぬくもりを感じられる、ごつごつとした手ざわりに安心する、というひともいるでしょう。発達障害のひとびとの中には、体が硬く締めつけられると安心するひともいます [13]。どんな触感をここちよいと思うかは、このようにひとそれぞれなのです。

さらには、自分の意志とは関わりなく、モノが触れると体が反応してしまう、というひとびともいます。たとえば、衣服に残った洗剤が肌に触れるとかぶれてしまったり、首の後ろや左わきについているタグが肌に触れることに耐えられなかったり、オーガニックコットン100％の衣服しか着られないひともいます。

3-3-5 嗅覚

最後に、嗅覚におけるセンシティヴさについて簡単に触れておきたいと思います。味覚の項目で引用した当事者の中学生は、自分の嗅覚について次のように語っています。

> 調子が悪い時にレストランのバイキングコーナーに行くといろいろな料理の匂いが混じったように感じます。それはとても気分が悪いものです。また、調子が良い時でもマクドナルドと歯医者には入れません。その2つはドアが開くだけで逃げてしまいます。そのわけは匂いのせいです。

本節でここまで見てきたように、五感それぞれに関してさまざまなセンシティヴさがあります。ある感覚については、自分の体験と重ね合わせて理解できる部分もあったかもしれませんし、他の感覚については、想像できないような体験が語られていたかもしれません。いずれにせよ、五感に関しても、〈普通〉や〈基準値〉なるものは定められない、ということを捉えてもらえればと思います。

3-3-6 〈正常〉と〈異常〉の境目

　大学の講義で、感覚の多様性の話をすると、受講生自身が、軽いものからかなり深刻なものまで、さまざまな感覚のセンシティヴさを自覚して語ってくれます。講義の話を聞いて初めて、自分の感覚がセンシティヴであることに気がつく学生もいます。本人が自覚しているかどうかとは関わりなく、私たちの誰しもが、五感のどこかにセンシティヴさを抱えているのでしょう。だとすると、同じものを経験していても、その感じられ方は、実はひとそれぞれ異なっていることになります。同じモノやことがらについて、同じように感覚しつつ体験しているなんていうのは、私たちの思いこみでしかない、とさえいえます。

　こうした感覚の多様性を、本書では、感覚スペクトラム（連続体）と呼びたいと思います。感覚スペクトラムでは、私たちの五感は、〈インセンシティヴ（鈍感）〉・〈ノーマル〉・〈センシティヴ（敏感）〉の連続体のどこかに位置づく、と考えます（図3-2）。そのように考えることで、知覚がセンシティヴなひとの抱える〈生きづらさ〉を、自分にはまったく関係のないものとして頭で理解するのではなく、自分が体感している感覚と地つづきのものとして考えられ

図 3-2 感覚スペクトラム

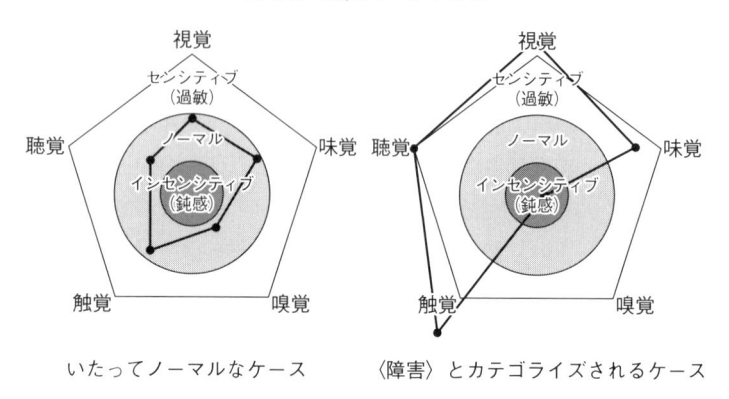

いたってノーマルなケース　　〈障害〉とカテゴライズされるケース

るようになります。

　本章では、感覚の〈過敏さ〉や、発達障害に伴う感覚の特徴について述べてきました。どこまでが〈普通〉でどこからが〈過敏〉なのか。どこまでが〈健常〉でどこからが〈障害〉なのか…。これらの基準を明確に定めることは、本来不可能なのではないでしょうか。だとすると、現在私たちが行なっている〈線引き〉もまた、現代の診断・判断基準に対応した、相対的な（もっと言えば恣意的な）ものでしかない、といえます。

　自分と異なるひとを〈理解〉することは、本来、とてもむずかしいことです。でも、自分と他者とが同じスペクトラムのどこかに位置づき、自分と他者とを区別する基準が相対的なものである、と身をもって感じること。それが自分とは異なる他者を〈理解〉する第一歩なのではないでしょうか。

【注】

[1] 文部科学省ホームページ「通常の学級に在籍する発達障害の可能性のある特別な教育的支援を必要とする児童生徒に関する調査結果について」参照。宮城・岩手・福島を除く全国の公立小中学校に対する悉皆調査。学習面での著しい困難とは、〈聞く〉〈話す〉〈読む〉〈書く〉〈計算する〉〈推論する〉の1つあるいは複数に問題がある場合。行動面での著しい困難とは、〈不注意〉〈多動性・衝動性〉あるいは〈対人関係やこだわり等〉の1つか複数で問題を抱えている場合のことです。

[2] 文部科学省ホームページ「今後の特別支援教育の在り方について（最終報告）」参照。

[3] 発達障害の1つに分類される〈自閉スペクトラム症〉については、第6章でとりあげるため、本章では割愛します。

[4] なお、日本での発達障害の定義や判断・診断基準は、アメリカ精神医学会が定めたDSM（Diagnostic and Statistical Manual of Mental Disorders）というガイドラインをベースにしています。DSMは2013年5月に最新の第5版が出版されました。最新版での大きな改訂の1つが、広汎性発達障害という分類がなくなり、自閉スペクトラム症が新設されたことです。

[5] 岡は、みずからの認知能力を活かして、室内設計家として活躍しています。

[6] 子どもの認知特性を知るために国際的に最も広く使用されている心理検査に、WISC（Wechsler Intelligence Scale for Children）があります。WISCでは、言語性検査（聴覚情報を受けとり言葉で応答する）と動作性検査（視覚情報を受けとり動作で応答する）を行ないます。その結果、全検査IQ、言語性IQ、動作性IQが明らかになります。たとえば、言語性IQが動作性IQよりも優位に高ければ、その子は〈聴覚処理が優位〉と理解できることになります。

[7] 聴覚優位の能力は、語学関係、音楽関係、俳優、小説家など言葉を用いる世界で活かされる、といわれています（岡, 2010, p.38）。

[8] 視覚優位の能力は、建築・デザイン・服飾・映像・パイロット・外科医・スポーツといった、クリエイティヴな世界で活かされる、

といわれています（岡, 2010, p.35）。
［9］岡は、思考や認知の〈局所優位性〉と〈全体優位性〉についても述べています。これらの優位性については、第4章で扱います。
［10］障害を抱えていたり、問題を実際に体験しているひとびとのことを、〈当事者〉と呼びます。そもそもは法律用語ですが、近年では、〈当事者研究〉の文脈で語られることが多くなっています。第三者である研究者には理解できなかったり語りえなかったりする部分を、当事者たちが自分自身で言葉にして解明していく営みが、当事者研究です。障害学、患者学、女性学などで盛んです。参考図書は以下のとおり。浦河べてるの家（2002）、綾屋他（2008）、石原編（2013）など。
［11］Auti-simはYouTubeで観ることができます（http://www.youtube.com/watch?v=DwS-qm8hUxc）。
［12］「僕の感覚過敏について」http://bokukan.tumblr.com/post/17869851076より抜粋。
［13］自閉症当事者であるテンプル・グランディン（1994）は、神経発作を収めるために、体を硬く締めつける「締め付け機（Hug Machine）」を作成しています。

第4章 生きられる時空間 ── 世界を信頼して生きる

　第3章では、私たちの五感の多様性を捉えてきました。こうした知覚は、私たちが〈あたりまえ〉に見たり聞いたりしていると思いこんでいるものです。私たちのあたりまえの感覚を支えているのは、知覚だけではありません。本章では、知覚よりももっと深いところにある私たちの感覚をさぐっていきます。

4-1　時間感覚・空間感覚の基礎知識

　知覚よりさらに深いところにあって、私たちの五感を下支えするさまざまな感覚。その中でも最も根源的とされるのは、時間と空間の感覚です。この章では、この2つの感覚について見ていきましょう。

4-1-1　方向感覚と空間感覚

　方向感覚という感覚があります。方向音痴のひとは、同じ道を何度も迷ってしまうことがあります。こうしたひとは、自分を取り囲む東西南北の感覚が希薄で、目の前にひろがる風景と、手元にある地図を重ね合わせることがむずかしいのです。他方、空間感覚の鋭いひとは、自分の身体がどちらを向いているのか、いつもそれとなく気づいています。ただ、方向感覚のもととされる、地球の磁気を

察知する力を、私たちは基本的に自覚していません。

　では、方向感覚の良いひとは、空間をどのように体験しているのでしょうか。初めての場所でもほとんど迷うことがない、というあるひとは、次のように語っています[1]。

　　どこかに移動するときには、Googleの航空写真を見るように、空高く上がったところから見える図が、頭の半分で見えています。道を歩いていると、空からのその地図で自分の位置がだいたいわかります。道が緩やかにカーブしているようなときも、何となくどのぐらいカーブしているか、わかります。上下が複雑になっても迷いません。たとえば新宿駅のように立体的に複雑な場所にいても、その立体的な図形が、3D映像のように頭に浮かんできます。

　　初めての場所を歩いていると、頭の中に地図ができあがっていきます。立体的な場所だと、立体図形ができあがります。たとえば、A館の3階がB館の1階につながっている建物（図4-1）に、初めてやって来て、A館の入り口からB館の6階まで行くとするとします。

　　A館の入り口を通って（①）、奥のエレベーターで3階に上がって（②）、A館の3階から通路を通って（③）エレベーターで6階に上がり（④）、6階の奥の部屋に入ります。すると、自分が通った道筋のところだけ、立体図ができあがります（図4-2）。あとは頭の中で、見ていない部分を補足します（図4-3の点線部分）。

　　こうやって頭の中に映像として浮かんだ地図は、基本的に、忘れてしまったり、そのせいで道がわからなくなってしまったりすることはありません。初めての場所に行くと、待ち合わせ時刻より早めに行ってあちこち動きまわり、自分の頭の中の立体地図を作りあげるのが楽しいです。

図 4-1 建物の立体図形

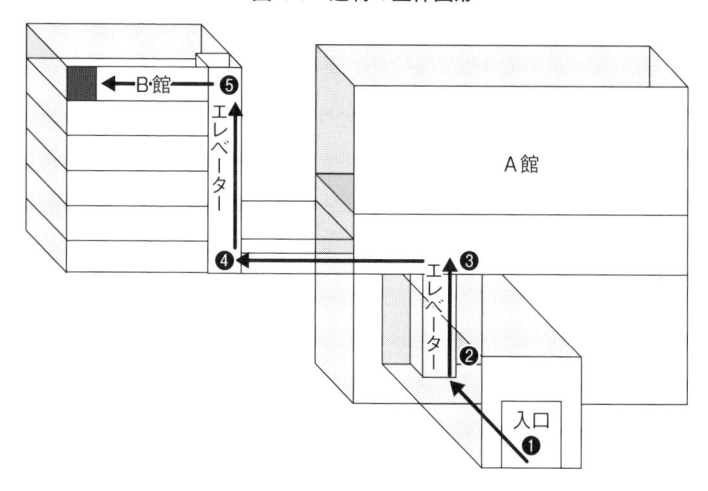

図 4-2 実際に通った道筋の立体図

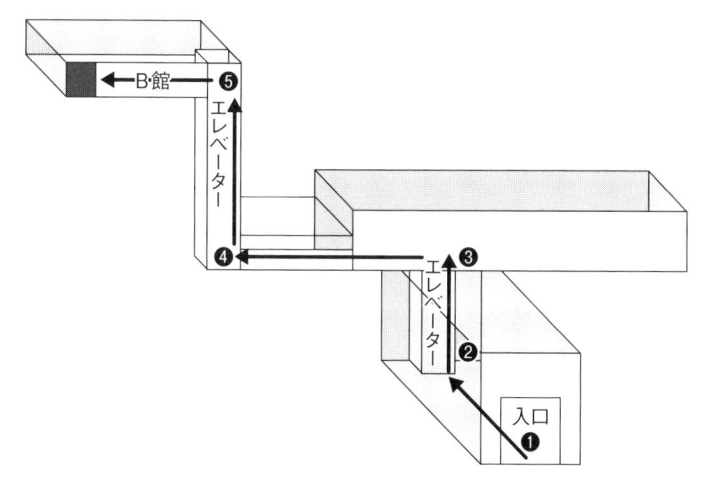

第4章 生きられる時空間 ― 世界を信頼して生きる

図 4-3 見ていない部分を補足

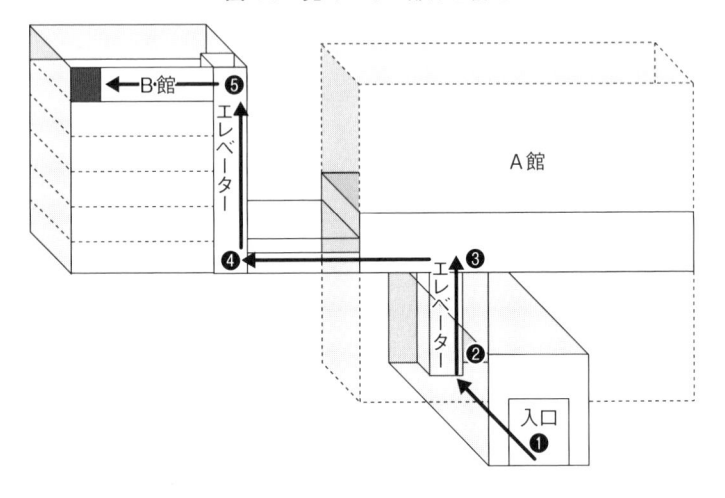

　このひとと同じように3D映像が頭の中で浮かぶひともいれば、こんな感覚はまったく理解できないひともいるでしょう。方向感覚を含めて、いわゆる空間感覚には、このように、かなりの個人差があります。実は、ひとが感じている空間は、ほとんど別のものといってよいくらいです。たとえば、自分の目で見ている空間とは別に、自分を含めた空間全体を俯瞰した映像が脳裏につねに浮かぶひとがいます[2]。また、物体の正面を見ていても、その側面や背面を立体的に360度すべての角度から捉えた立体図形が浮かんでくるというひとや、自分の顔を正面から捉えた映像がつねに浮かんでくるというひともいます。

4-1-2　時間感覚

　〈体内時計〉というように、私たちには、時刻や時間に対しても、

なんとなくの感覚が備わっています。この時間感覚の強さによって、時間は違って体験されることになります。

たとえば、何かに夢中になっているわけでなくとも、時計がなければ、どのぐらい時間がたったのかまったくわからなくなってしまうひとがいます。一方で、音楽や運動で時間感覚を鍛えたり、アナウンサーなどの職業についているひとは、時計を見なくても、時間を正確に測ることができます。こうしたひとには、いわゆる体内時計という言葉が表す、空腹感や睡眠欲から時間を感じとるだけでなく、時間そのものを感じとる感覚が身体に刻みこまれているのでしょう。

ただし、時間は目に見えず実体として捉えにくいため、その感覚やひとによる違いはひどく曖昧で、空間感覚以上に自覚されにくいものです。

4-1-3　時空間の身体感覚からくる生きづらさ

上の例からもわかるように、知覚よりさらに深いところで機能する時間・空間感覚は、共に〈身体感覚〉といえます。3D映像が自然と頭に浮かんでくる力などは典型的ですが、本人が能動的に判断したり考えたりできる力ではなく、身体が自然に何かを感じとるという、センシティヴさなのです。

身体能力としてのセンシティヴな時間・空間感覚も、ときとして、生きづらさにつながります。たとえば、低気圧が近づくと頭痛や吐き気など、いわゆる偏頭痛のような症状の出るひとがいます。こうした症状は、私たちの中には、気圧の微妙な変化にもセンシティヴなひとがいることを示しています。また、のんびりとか、せっかちといった性格は、性格の〈時間的な側面〉であり、それによって、

周囲との齟齬が生まれてしまうこともしばしばあります。

4-2　生きられる時空間

　空間感覚や時間感覚は、身体能力ですから、自覚されていようがいまいが、私たちの経験を強く規定することになります。こうした感覚に規定されて体験される空間や時間を、本書では、〈生きられる空間〉、〈生きられる時間〉と呼ぶことにしましょう。

4-2-1　生きられる空間 ── 根をおろして住まう

　方向感覚がある、つまり身体が空間に方向づけられているということからは、私たちの身体が、物理的に存在している器としての世界空間の中に、物体的な存在としてただ放りこまれているだけではない、ということがわかります。

　まず、物理的な空間を考えてみましょう。空間は、誰にとっても等しいもの、そこに誰もいなくてもつねにそのままあるものという意味で、客観的です。こうした空間は均質で、スタート地点やゴール地点もなければ、ある場所は他の場所より優れているということもありません。

　しかし、本当にそうでしょうか。図4-4は、物理学者であり美術家でもあるエルンスト・マッハによる「セルフ・ポートレート」、左目で見た世界を描いた作品です[3]。左目で見ると、視界の端には鼻や唇が見えます。自分のあごや胴体はほとんど見えず、オットマンに乗せた両足が見えます。この図は、私たちが、自分自身の身体を（マッハの絵によれば左目を）、自分が世界を眺める（経験する）

図 4-4　エルンスト・マッハの「セルフ・ポートレート」

うえでのスタート地点（ゼロ地点）として経験していることを表しています。こうしてみると世界は不均一で、私の身体からの距離に応じて、ひどく歪んでいます。

ですから、物理的空間が長さや面積、体積、位置を数字で表せるのに対し、私たちが実際に体験する空間は、そうした表し方とは、必ずしも一致しません。たとえば、同じ広さの空間でも、家具なども何も置いていないがらんとした場所と、使い慣れた家具の配置された自分の部屋とでは、まったく違った広さとして感じられます。

現象学者のオットー・フリードリヒ・ボルノウは、このように実際に体験される空間という意味での生きられた空間に着目します。そして、世界の中にきちんと位置づき根づく、という意味での世界への私たちの関わり方を、「住まう（wohnen）」という言葉で表現します [4]。たとえばわが家に住まうとは、ただ世界の空間内を自分の家とすることではなく、「一定の場所でそこをわが家としてくつろぎ、その場所に根をおろし、その場所に適合している」（ボルノウ, 1978, p.121）という状態をさします。

第4章　生きられる時空間 ― 世界を信頼して生きる　　67

4-1-3で、私たちの空間感覚は、身体感覚であることを確認しました。その本来の意味は、ある空間内のゼロ地点として、空間に住まうあらゆる空間経験の起点として、私たちの身体は、空間の中に根をおろしている、ということなのです。

4-2-2　生きられる時間 ── 意味づけて分節化する

　時間にも、物理的時間とは異なる、生きられる時間があります。そして、生きられる時間もやはり、均質で誰にでも等しいというものでも、自分の存在とは無関係に存在しているものでもありません。たとえば憂鬱な時間はなかなか進みませんし、楽しい時間は一瞬で過ぎ去ります。なぜでしょうか。この理由を明らかにするために、そもそも〈現在〉はどのように生きられるのかを考えてみましょう。

　たとえば、歌唱曲「さくら」の冒頭、「さーくーらー」という歌詞を聞くとします。実際にこの部分を歌うには、4秒程度かかります。ですから、途中の「く」を聞いたときには、最初の「さ」は、1、2秒前の過去ですし、「ら」は1、2秒先の未来、ということになります。けれども私たちは、そのようにコマ切れの音声としてこの歌を聞くことはありません。実際にはコマ切れの音声を、無意識のうちにつなぎ合わせ、「さーくーらー」というひとまとまりの意味として捉えます。ちょうどパラパラ漫画を見るときに、実際には一枚一枚異なるコマ切れの絵であるにもかかわらず、一連の動きとして捉えるのと同じです。すると、私たちは、時間の物理的な流れをそのまま体験するのではなく、流れていく時間の中で、意味のまとまりに合わせて、勝手に時間をつなぎ合わせたり区切ったりしている、つまり分節化しているということになります。ですから、「く」を歌うときに私たちは同時に、「さ」という過去をまだたずさえて

体験しており、しかも「ら」という未来をすでに先取って体験している、といえることになります（中田, 1997, p.255 参照）。

　生きられる時間とは、このように、まとまりごとに分節化され、すでに生きた過去をたずさえつつ、これから到来する未来をも同時に生きている、そのような時間だといえます。過去は、単に過ぎ去ったものというだけでなく、降りつもり蓄積したものとして、私たちの背後にひかえていて、しばしば、いまの私たちがどうあるかを規定します。たとえば、過去に犯した失敗を、戒めとして強く意識していると、この過去は、遠く過ぎ去ってしまうのではなく、いつもいまの自分を律してくれるものになります。同じように、未来は、単にこれからやってくるものというだけでなく、いまから私たちがそこに向かっていく仕方を規定することになります。将来の夢への思いが強ければ、たとえいまはトレーニングがつらくても、ただのつらい時間ではなくなります。しかしもしこの夢がかすんでくれば、そうしたトレーニングなど、耐えられないものになるでしょう。

　楽しい時間を過ごしている私たちは、次々と新しいことに向かって動いていきます。すると、私たちの〈現在〉は、いま起きていることだけでなく、次に起きること、さらにそのあとやりたいこと、そのあとも続けたいことへと、どんどん広がっていきます。だからこそ、物理的には長い時間であっても、体感される時間としては、一瞬のひとまとまりとしての〈現在〉に凝縮されることになります。他方、憂鬱なとき私たちは、わくわくして次のことを進めよう、となりません。停滞し、先延ばしし、間延びした〈現在〉の中に留まることになります。だからこそ、憂鬱な時間は、なかなか過ぎ去ってくれないことになります。

　空間感覚と同様に、時間感覚も、身体感覚です。このことは、そ

のひとの時間の生き方が、身体活動に表されることを意味しています。たとえば、未来に向かって充実したいまを過ごしているひとの表情は生き生きとしていて、身体にはほどよい緊張感がみなぎっています。全身から、はつらつとしたようすが伝わってきます。他方、たとえばつらい過去から抜け出せずにいたり、未来に向かう気もちをもてずにいるひとは、表情がよどんでいたり、身体が縮こまったりしてしまいます。

4-3 生きられる時空間と私たちの生

　これまで、私たちが実際に体感している、〈生きられる時空間〉について考えてみました。知覚がひとによって多様なのと同じように、生きられる時間・空間もひとによってそれぞれ多様であり、また、同じひとでも状況によって違ってくるものです。そうした観点からもう一度、私たちの生きづらさを考えてみましょう。

4-3-1　生きられる空間にまつわる不安

　空間感覚がもたらす生きづらさは多様です。そうした生きづらさは、単なる不全や能力の不足にとどまりません。一見すると些細なことと見過ごされ、必ずしも当人に意識されないとしても、そこでは、身体を備えた当人と世界空間との関係が問題になってきます。

　低気圧が近づくと体調を崩すほどのセンシティヴさを備えているひとにとって、大気の変化は、いわば地球規模で自分をおびやかします。方向感覚がとぼしく、空間内の自分の位置づけが曖昧なひとにとって、慣れ親しまれていない場所は、いつでも自分を途方に暮

れさせうるものです。こうしたひとたちは、しばしば、大気について、道のりについて、不安を抱きます。世界はいつも安らいでいられる場所ではなく、ときに信頼できないものになってしまいます。

　こうした空間全体への不信だけでなく、局所的な空間への不信も起こります。第3章でとりあげた発達障害の〈AD/HD〉の特徴として、部屋が片づけられない、ということがあります。AD/HD当事者は、視覚に入ってくるものの全体を一挙に捉えるのが得意で、そのぶん、視野のこまごました細部や端っこにまでは注意が行き届かないことが多いと考えられます [5]。そのようなひとにとっては、慣れ親しまれたはずの自分の部屋でさえ、その配置の細部が曖昧にしか認識されず、乱雑に散らかった空間の中で居心地の悪い思いをすることになります。反対に、視野の細かいところに注意がいってしまい、全体が捉えにくいひともいます。同じく発達障害の〈学習障害（LD）〉当事者には、読み書きに困難を覚えるひとがいます。線と線の細かいところが気になるため、全体の配置、線と線との関係が捉えられず、意味として認識できないのです。こうしたひとたちは、局所と全体がアンバランスなままの世界を生きざるをえません。

4-3-2　生きられる時間にまつわる不安

　では、生きられる時間にまつわる生きづらさにはどのようなものがあるでしょうか。

　動作や物事の処理がゆったりとしているひとや、逆に、せっかちで物事の処理がスピーディーなひとがいます。ゆったりしているあまり、求められているよりも時間を要してしまうと、怠けている、やる気がないなどと思われてしまいます。あるいは、せっかちで不

注意になってしまうひとは、気をつければすむはずなのだから、と努力不足を指摘されてしまいます。

しかし、こうした違いは実は、生きられる時間の違いによると考えられます。たとえば、せっかちで不注意な筆者自身の感じることからすると、せっかちなひとは、次々と到来する未来に向かう力がきわめて強く、その結果、現在に付随しているはずの過去への意識が薄くなります[6]。とはいえ、当人にとっては、それが普通です。しかも、時間感覚は身体感覚でもあるので、ちょっとした努力で変えられるわけではなく、また、変える必要性を実感することもむずかしいのです。にもかかわらず、注意深く丁寧に作業するよう求められると、いわば、水の中で全力疾走するような重苦しさや徒労感を覚えます。現在のうちから早々と未来を先取りし、その段階ですでに未来を半ば生きていますから、実際にその未来がやってくると、同じことをもう一度体験するもどかしささえ覚えるのです。

4-3-3 時空間の安らぐ場所としての〈居場所〉

こうした生きづらさや不安は、私たちがこの世界内にしっかりと根をおろして位置づけられ、調和的に生きていきたい、という願いの現われでもあるでしょう。世界内に自分が位置づけられていないと、私たちは、〈居場所がない〉という疎外感に襲われます。たとえば友人とケンカしたりいじめにあったりして学校に自分の居場所がなくなるとき。両親が自分を愛してくれていないと感じて家庭に自分の居場所がなくなるとき。私たちは、その場にいることがほとんど不可能になってしまうほどの孤独に襲われます。なぜならば、ボルノウがいうように、「人間はそこで自分が空間の中に根をおろし、空間のなかの自分のすべての関係がそこへと関連づけられてい

る、そのような中心を必要とする」からです（ボルノウ, 1978, p.119）。物理的な空間に受動的に放りこまれているわけではなく、世界内に住まう私たちは、「中心をもはや何かからあたえられたものとしてみいだすのではなく」、自分の居場所として「まずそれをつくり出さなければならず、またみずからすすんで自分の基礎をそこにしっかりときず」かなければなりません（同書, p.120）。

　居場所、という言葉は、次のように定義されています。「① 居場所は『自分』という存在感とともにある　② 居場所は自分と他者との相互承認という関わりにおいて生まれる　③ 居場所は生きられた身体としての自分が、他者・事柄・物へと相互浸透的に伸び広がっていくことで生まれる　④ 同時にそれは世界（他者・事柄・物）の中での自分のポジションの獲得であるとともに、人生の方向性を生む」（萩原, 2001, p.63）。

　ここで注意しておきたいのは、居場所という言葉の空間的な響きとは異なり、居場所は「人生の方向性を生む」という萩原の言葉にもあるように、時間感覚によっても規定される、ということです。つまり、時間と空間は切り離されるものではなく、分かちがたく1つの感覚としてはたらきます。ある場所が、自分の時間感覚と調和のとれた場所であることが、私たちが世界内に安らいでいられること、つまり居場所がある、ということの意味なのです[7]。

　第Ⅰ部で見てきたように、私たちの現実は、それぞれの立場や認知の違いによって、がらりと変わってしまうものです。そのような、ある意味で信頼に足らない世界だからこそ、私たちは、空間的にも時間的にも伸び広がって安らげるという基盤を必要としています。そして多くの教育問題は、こうした安らぎの基盤が、部分的に、あるいは全面的に失われてしまうこととつながっている、と考えられ

ます[8]。

　では、世界とこうして関わる私たちは、他者や、自分自身に対しては、どのように関わっているのでしょうか。第Ⅱ部、第Ⅲ部では、こうした問いを追求していきたいと思います。

【注】
［1］ここで語られた内容は、方向感覚が鋭く道に迷うことがまずないという20代の男性に、筆者が直接聞きとりをしたものです。
［2］第3章でも引用した岡は、自身のこうした体験を「客体視」と呼びます。「どのような空間にいても、自分の背後から後ろの壁までの距離がどのくらいか、自分の頭上から天井までがどのくらいか、斜め上から眺めてみるとどのように見えているのかなどは常に薄く意識され、特に意識したいときには、瞬時に明確に映像化され」るそうです（岡, 2010, p.173）。
［3］マッハは、音速の発見で有名な物理学者です。このような世界空間の捉え方は、現象学という哲学分野ではよく研究されています。本書では、マッハのこうした図を挿入するにあたり、谷（2002）のp.46を参照しました。
［4］wohnen という動詞は一般的に「住む」と訳される、基本動詞ですが、ボルノウ（1978）の訳者大塚恵一らは、「住まう」という特別な訳語をあてています。
［5］こうした認知の違いを、岡は「全体優位性」と「局所優位性」という言葉で表し、第3章でとりあげた「色優位」と「線優位」の違いと同様、視覚的な認知の優位性の違いとして説明しています（岡, 2010, p.40）
［6］こうしたことが生じるのも、第3章の注［9］で述べたような全体優位性が、時間感覚においても行き渡っているからだ、と考えられます。これから行なおうとすることのすべてが一挙に把握されてし

新曜社 新刊の御案内
May.2018〜Aug.2018

■新刊

小杉亮子
東大闘争の語り 社会運動の予示と戦略
深い分断と対立を経て東大闘争は何を遺したのか。党派や立場の異なる語り手44人が半世紀後に明かす闘争の全局面。語り手の生活史を掘り起こし、1960年代学生運動の予示的政治の力を描き切る。社会運動史の新しい扉をひらき称賛と共感を呼ぶ。
ISBN978-4-7885-1574-1　A5判480頁・本体3900円+税

J-F.ドルティエ／鈴木光太郎 訳
ヒト,この奇妙な動物 言語,芸術,社会の起源
ヒトは二足で歩き走り、ことばをしゃべり、物語り、絵を描き、歌い踊る。道具を作って使う。神や霊を畏れ敬う。動物としてのこの数々の奇妙さは、いつ、どのようにして生じたのか？ 進化心理学の成果をもとに、人間の本性の新たな見方を提示する一冊。
ISBN978 4 7885 1580 2　四六判424頁・本体4300円+税

前川啓治・箭内 匡 ほか
ワードマップ 21世紀の文化人類学 世界の新しい捉え方
『文化を書く』の批判、グローバル化による「未開」の消失などを乗り越えて甦る新世紀の文化人類学。そのパラダイムシフトの認識＝存在地図を、超越論的、不可量部分、生成変化、存在、レジリエンス、リスクなどの新鮮なキーワードで描出。
ISBN978-4-7885-1582-6　四六判384頁・本体2800円+税

「よりみちパン！セ」シリーズ,小社より再スタート！

岸 政彦　　　　　　　　　　　　　　　　　　　　*大好評5刷出来!*
はじめての沖縄
かつて「沖縄病」だった著者が、研究者として沖縄に通い始めたときに目にした孤独な風景。繰り返しその風景に立ち戻りながら、沖縄で生まれ育った人々による人生の語りを記録し、そこから沖縄の「歴史と構造」へと架橋する。各紙絶賛のかつてない〈沖縄本〉。
ISBN978-4-7885-1562-8　四六判256頁・本体1300円+税

新刊

「よりみちパン!セ」シリーズ,増補改訂版も順次刊行!

新井紀子
改訂新版　ロボットは東大に入れるか

驚愕のベストセラー『AI vs 教科書が読めない子どもたち』に登場し,著者がわが子のように育て,東大模試で偏差値76.2を叩き出した最強のAI〈東ロボくん〉の成長と挫折のすべて。AIにしかできないことは何か。そして,人間に残されていることとは何か。
ISBN978-4-7885-1563-5　四六判304頁・本体1500円+税

立岩真也　　　　　　　　　　　　　　　　　　　　　　　　たちまち重版!
増補新版　人間の条件　そんなものない

「できる」か「できない」かで人間の価値は決まらない。できれば「多く取れる」それも正しくない。人間がそのままの姿で生きている,そのことの価値と意味を様々な運動の歴史と深い思索の数々を参照しながら論理的にやさしく説き起こす。
ISBN978-4-7885-1564-2　四六判432頁・本体1800円+税

小熊英二
決定版　日本という国

いまの日本は,福沢諭吉の「鼻毛抜き」から始まった? 私たちはどのようにして「日本人」になったのか。またその背景にはどのような仕組みがあったのか。そしてこれからの「日本」はどこに行くのか? この国に生きるすべての人必読の近・現代史。
ISBN978-4-7885-1567-3　四六判192頁・本体1400円+税

白川静 監修／山本史也 著
増補新版　神さまがくれた漢字たち

漢字は,言葉は,単なる情報やコミュニケーションの手段ではなく,その成立のうちに豊かで恐るべき人間の思索とその歴史の深みが刻印されているのです。漢字を見る目を180度変えた〈白川文字学〉のもっともやさしい入門書!
ISBN978-4-7885-1565-9　四六判192頁・本体1300円+税

村瀬孝生
増補新版　おばあちゃんが,ぼけた。

人間は――生まれる／遊ぶ／働く／愛する／死ぬ。しかも,ぼける。ならば,混沌を恐れず,感性をぼけに沿って緩めていこう! この1冊でぼけを丸ごと学ぼう! 多数の4コママンガ+イラストと,谷川俊太郎氏による巻末解説「ぼけの驚異」を収録。
ISBN978-4-7885-1566-6　四六判192頁・本体1300円+税

■震災・戦後史

東北学院大学震災の記録プロジェクト・金菱清(ゼミナール) 編

3.11霊性に抱かれて 魂といのちの生かされ方

海の慰霊，寄り添う僧侶，亡き人への手紙と電話，原発に奪われた家族と故郷，オガミサマ信仰，疑似喪失体験にみる霊性の世界観。
ISBN978-4-7885-1572-7　四六判192頁・本体1800円+税

深谷直弘

原爆の記憶を継承する実践 長崎の被爆遺構保存と平和活動の社会学的考察

被爆遺構や慰霊碑が点在・保存され，体験や記憶のない市民や若者が平和活動に力を尽くす長崎。次世代に向けて被爆継承を探る。
ISBN978-4-7885-1579-6　A5判256頁・本体3500円+税

■医療論・現代思想

村上陽一郎

〈死〉の臨床学 超高齢社会における「生と死」

「なかなか死ねない時代」に人はいかに死ねばよいか。超高齢社会をむかえて喫緊の問題を，安全学の泰斗が根底から問い直す。
ISBN978-4-7885-1561-1　四六判232頁・本体1600円+税

J＝N.ミサ, P.ヌーヴェル編／橋本一径 訳

ドーピングの哲学 タブー視からの脱却

ドーピングは競争・向上をめざす近代スポーツが生み出した必然では？　撲滅できない根本原因を根底から問う問題提起の書。
ISBN978-4-7885-1546-8　四六判328頁・本体4300円+税

倉田 剛

現代存在論講義 II 物質的対象・種・虚構

論理学を武器とする現代存在論の本格入門。中間サイズの物質的対象、種、可能世界、虚構的対象について論じる各論編。
ISBN978-4-7885-1544-4　A5判192頁・本体2200円+税

■文学・エッセイ・思想

村上克尚　　*芸術選奨（評論等部門）新人賞 受賞!*

動物の声、他者の声 日本戦後文学の倫理

泰淳・大江・小島などの作品に現れた「動物」の表象を手がかりに戦後文学の陥穽を衝き，文学・共同体の再生を企図する力作。
ISBN978-4-7885-1537-6　四六判400頁・本体3700円+税

新曜社編集部 編／最果タヒ・玉城ティナ・滝口悠生・小沢健二 ほか 著　*2刷出来!*

エッジ・オブ・リバーズ・エッジ 〈岡崎京子〉を捜す

岡崎京子『リバーズ・エッジ』をめぐる，クリエイター33人による奇跡のようなアナザーストーリー。唯一無二の永久保存版。
ISBN978-4-7885-1557-4　四六判280頁・本体1900円+税

■心理・発達・脳科学

友田明美・藤澤玲子 **好評重版!**
虐待が脳を変える 脳科学者からのメッセージ
虐待は脳を変える! 虐待された人たちのこころのケアに取り組み,虐待が脳に与える影響を研究してきた医師のメッセージ。
ISBN978-4-7885-1545-1　四六判208頁・**本体1800円+税**

苧阪直行・越野英哉
社会脳ネットワーク入門 社会脳と認知脳ネットワークの協調と競合
人文社会科学と脳科学や情報学が相互乗り入れして成果をあげている,脳と社会とのかかわりの研究の最前線をわかりやすく紹介。
ISBN978-4-7885-1571-0　四六判232頁+口絵8頁・**本体2400円+税**

帯刀益夫
利己的細胞 遺伝子と細胞の闘争と進化
利己的なのは遺伝子ではなく,細胞という乗り物である――細胞進化の歴史から見えてきた,遺伝子と細胞の関係の新しい理解。
ISBN978-4-7885-1577-2　四六判288頁・**本体2600円+税**

E.H.エリクソン／中島由恵 訳
アイデンティティ 青年と危機
アイデンティティの概念は私たちの人間理解に深く,大きな影響を与えてきた。世界中で読み継がれてきた名著の完全新訳!
ISBN978-4-7885-1549-9　四六判464頁・**本体3300円+税**

E.テーレン & L.スミス／小島康次 監訳
発達へのダイナミックシステム・アプローチ 認知と行為の発生 プロセスとメカニズム
発達のプロセスとメカニズムを解明する新しいパラダイム,ダイナミックシステムの原理とその例証を提示した画期的な本の完訳。
ISBN978-4-7885-1570-3　A5判464頁・**本体4600円+税**

発達科学ハンドブックシリーズ

日本発達心理学会 編／尾崎康子・森口佑介 責任編集
9. 社会的認知の発達科学
心の理論,共同注意,社会的相互作用など発達心理学の研究成果を中心に,各分野における第一線の研究者が先進的な研究を紹介。
ISBN978-4-7885-1575-8　A5判308頁+口絵2頁・**本体3200円+税**

日本発達心理学会 編／藤野 博・東條吉邦 責任編集
10. 自閉スペクトラムの発達科学
これまで治療の対象とされてきた自閉症を「発達の多様性」という視点でとらえ直し,最先端の知見をもとに新たな方向性を探究。
ISBN978-4-7885-1576-5　A5判304頁・**本体3200円+税**

■心理学・質的研究

横田正夫
大ヒットアニメで語る心理学 「感情の谷」から解き明かす日本アニメの特質
大ヒットアニメのストーリーや作画に共通する心理描写の特徴とは。作品の大ヒットを通じて見える現代社会の心模様も考察。
ISBN978-4-7885-1542-0　四六判192頁・本体1800円＋税

矢守克也
アクションリサーチ・イン・アクション 共同当事者・時間・データ
現場に要請され，問題解決に資する社会実践として，アクションリサーチはどうあるべきか。そのロジックと実践を緻密に考察。
SBN978-4-7885-1556-7　A5判248頁・本体2800円＋税

J.R.スミス，S.A.ハスラム 編／樋口匡貴・藤島喜嗣 監訳
社会心理学・再入門 ブレークスルーを生んだ12の研究
近年，再現可能性や倫理的問題が議論されている社会心理学の古典的研究。その価値と魅力を改めて発見する，再入門への誘い。
ISBN978-4-7885-1539-0　A5判288頁・本体2900円＋税

N.J.サルキンド／山田剛史・寺尾 敦・杉澤武俊・村井潤一郎 訳
いまさら聞けない疑問に答える 統計学のキホンQ&A100
初心者の誰もが抱く統計学の重要な100の疑問に，一問一答形式で簡潔に分かりやすく解説したこれまでになかったガイドブック。
ISBN978-4-7885-1541-3　A5判196頁・本体1900円＋税

U.クカーツ／佐藤郁哉 訳
質的テキスト分析法 基本原理・分析技法・ソフトウェア
文字テキストを中心とする質的データを分析し，論文にまとめるまでの具体的手順と，その背景となる理論的背景を懇切に解説。
ISBN978-4-7885-1560-4　A5判288頁・本体2900円＋税

G.R.ギブズ／砂上史子・一柳智紀・一柳 梢 訳
質的データの分析 【SAGE質的研究キット6】
データの膨大さや作業の緻密さにめげることなく，説得力があり意義深い質的研究を行うための，基本的かつ実践的方略を解説。
ISBN978-4-7885-1551-2　A5判280頁・本体2900円＋税

日本質的心理学会 編
質的心理学研究 第17号 特集 レジリエンス
厳しい現実を人はどのように乗り越えてゆくのか？ レジリエンスの生成過程を豊かに記述し，拡大する概念を捉えなおす。
ISBN978-4-7885-1555-0　B5判256頁・本体3000円＋税

■社会学

H=G.メラー／吉澤夏子 訳
# ラディカル・ルーマン 必然性の哲学から偶有性の理論へ

彼が企図した西洋思想史におけるパラダイムシフトと核心にあるラディカリズムを喝破した，読んで面白い「ルーマン入門」。
ISBN978-4-7885-1553-6　四六判256頁・本体3500円+税

神田孝治・遠藤英樹・松本健太郎 編
ポケモンGOからの問い 拡張される世界のリアリティ

ポケモンGOは何を問いかけているのか。社会学，観光学，メディア論，ゲームなどの研究者が真摯に応答する，学問的試み。
ISBN978-4-7885-1559-8　A5判256頁・本体2600円+税

野辺陽子
養子縁組の社会学 〈日本人〉にとって〈血縁〉とはなにか

〈血縁〉に関する制度分析と先行研究を整理し，養親・子，不妊当事者の多数の声を紹介。新しい時代の家族社会学の誕生！
ISBN978-4-7885-1558-1　A5判384頁・本体4500円+税

神谷悠介
ゲイカップルのワークライフバランス 男性同性愛者のパートナー関係・親密性・生活

ゲイカップルの仕事と家庭とは？ LGBTの生活者としての知られざる素顔をインタビュー。ギデンズを超える親密性論を提示する。
ISBN978-4-7885-1538-3　四六判216頁・本体2900円+税

桜井 洋
社会秩序の起源 「なる」ことの論理

複雑性理論で解く心と社会とは？ 「する」から「なる」へ「主体と存在」の根源的転換をめざす。社会秩序の一般理論ついに成る。
ISBN978-4-7885-1547-5　A5判552頁・本体6500円+税

山本 馨
地域福祉実践の社会理論 贈与論・認識論・規模論の統合的理解

モース，シュッツ，ダールを援用した先進事例の統合的理解を通して，日本固有の福祉レジームと地域福祉政策の未来像を構想する。
ISBN978-4-7885-1573-4　A5判272頁・本体4200円+税

Y.エンゲストローム／山住勝広 監訳
拡張的学習の挑戦と可能性 いまだここにないものを学ぶ

『拡張による学習』の実践編。教育，企業，病院，図書館など多岐にわたる領域における具体的研究と到達点，未来への可能性。
ISBN978-4-7885-1569-7　A5判288頁・本体2900円+税

■新刊

松尾浩一郎・根本雅也・小倉康嗣 編
原爆をまなざす人びと　広島平和記念公園八月六日のビジュアル・エスノグラフィ

八月六日の広島平和記念公園に集い，〈原爆をまなざす〉無数の人びとの姿を映像によって多角的にとらえ，この日この場所の人びとの営みの全体像を理解し，その意味を解きほぐす試み。映像を駆使したビジュアル・エスノグラフィの方法論入門にも好適。

ISBN978-4-7885-1585-7　A5判304頁・本体2800円＋税

石黒広昭 編
街に出る劇場　社会的包摂活動としての演劇と教育

演劇は遊びを取り戻し，他者と共生し，新たな世界に飛び出すスプリングボード。多様性を生きる今，人の成長にドラマやシアターが必要なわけがここにある。演出家，戯曲家，教員など多彩な人びとの実践と遊びから，演劇の力と可能性に触れる一冊。

ISBN978-4-7885-1588-8　A5判232頁・本体2400円＋税

R.W.バーン／小山高正・田淵朋香・小山久美子 訳
洞察の起源　動物からヒトへ，状況を理解し他者を読む心の進化

ヒトも，類人猿やその他の動物と同じ種類の洞察を用いている。その能力の進化は，言語に先だって，手を用いた活動の中で始まった！　いかにして？　ヒトの認知が他の動物よりもはるかに進んでいるのはなぜか？　比較認知科学の証拠から解き明かす。

ISBN978-4-7885-1578-9　四六判336頁・本体3600円＋税

小林多寿子・浅野智彦 編
自己語りの社会学　ライフストーリー・問題経験・当事者研究

かけがえのない一人ひとりのライフ（生活と人生），自己表現，人生の転機，当事者の生きづらさの語りとは。対話的構築主義・自己物語論・ナラティヴ・エスノメソドロジーなどの多様なアプローチによる最新の質的研究を凝縮した社会学論文集。

ISBN978-4-7885-1586-4　四六判304頁・本体2600円＋税

日本認知科学会 監修／今井倫太 著／内村直之ファシリテータ／植田一博アドバイザ
インタラクションの認知科学　【「認知科学のススメ」シリーズ8】

ヒトを超えるAIが喧伝される一方，いまだロボットとの会話はぎこちない。注意を使うロボット／状況のわかるロボット／状況を共有するロボットなど，ヒトの認知特性に合わせたロボット開発から，社会の一員として暮らせるロボットの可能性を探る。

ISBN978-4-7885-1581-9　四六判148頁・本体1600円＋税

最近の書評・記事・紹介

中村英代『社会学ドリル』
●週刊ダイヤモンド2018年3月3日号（佐藤優氏）

「方法論にマルクス経済学者，宇野弘蔵の経済学を取り入れたユニークな社会学演習書だ。……労働力商品化を基盤に捉えて社会を分析するという視座はとても重要だ。中村氏の次作が楽しみである」

村上克尚『動物の声，他者の声』 *2017年度芸術選奨新人賞受賞*
●毎日新聞2018年4月7日（最上聡氏）

「同書でいう「動物」とは，犬猫などといった個別具体の種を指すのではなく，「文明」と「野蛮」などといったように，「人間」と対をなす一組の概念としてのもの。「人間」の尊厳の名のもとに，それをもたないとみなされる存在「動物」への暴力や搾取が行われるなどする」

岸政彦『はじめての沖縄』
●朝日新聞2018年6月16日（都甲幸治氏）

「直感的で，常に外部に向かって開かれている岸の文章は，決して結論には至らない。常に逡巡しながら時間をかけて，響いてくる声にゆっくりと体を慣らしていく。受け身という弱さに踏みとどまり続ける彼の強さに，僕は魅せられた」。ほか「琉球新報」2018年6月17日，「日本経済新聞」2018年6月30日，「Buzz Feed News」2018年7月11日，「週刊読書人」7月27日号など多数紹介。

J-F.ドルティエ／鈴木光太郎訳『ヒト，この奇妙な動物』
●読売新聞2018年6月24日（伊藤亜紗氏）

「人間は無限に多様たりうるのだろうか。……文化そのものが何らかの人間本性に根ざして生まれているのに過ぎないのではないか――こうした疑問に答えるのが，本書で詳解される「進化心理学」なる学問分野である」

- ●小社の出版物は全国の有力書店に常備されております。
- ●小社に直接御注文下さる場合は，書名・冊数を御明記のうえ，定価総額を前金でお送り下さい。御送金には郵便振替がもっとも確実で御便利です。振替番号は下記をごらん下さい。
- ●落丁本，乱丁本はお取替えいたします。お買求めの書店にお申出下さるか，直接小社あてお送り下さい。郵送料は御返却申上げます。

〒101-0051
東京都千代田区神田神保町3-9
電話 (03) 3264-4973
Fax (03) 3239-2958
振替 00120-5-108464
http://www.shin-yo-sha.co.jp/

新曜社
株式会社 新曜社

郵 便 は が き

101-0051

恐縮ですが、切手をお貼り下さい。

（受取人）

東京都千代田区神田神保町三―九　幸保ビル

新曜社営業部 行

通信欄

通信用カード

■このはがきを,小社への通信または小社刊行書の御注文に御利用下さい。このはがきを御利用になれば,より早く,より確実に御入手できると存じます。
■お名前は早速,読者名簿に登録,折にふれて新刊のお知らせ・配本の御案内などをさしあげたいと存じます。

お読み下さった本の書名

通 信 欄

新規購入申込書　お買いつけの小売書店名を必ず御記入下さい。

(書名)		(定価) ¥	(部数)	部
(書名)		(定価) ¥	(部数)	部

(ふりがな)
ご 氏 名　　　　　　　　　　　ご職業　　　　　　　　（　　歳）

〒　　　　　Tel.
ご 住 所

e-mail アドレス

ご指定書店名	取次	この欄は書店又は当社で記入します。
書店の住 所		

まうために、その間の手順をふまずにどんどん先に進めてしまうのです。

[7] 多くのフリースクールのように、利用者に居場所と感じてもらうことを重視する場では、しばしば、時間の流れがゆったりしています。それぞれ異なる時間感覚を生きているひとたちが、お互いに関与することなく、ある意味では没交渉的に安らげる場所となっています。

[8] 基盤が失われていることについては、終章でくわしく論じます。

第Ⅱ部

他者はどう理解できるの？

第5章 いじめ ── 雰囲気を共に生きる

　第Ⅰ部では、私たちの立場、視点、知覚、知覚を下支えしている時間性と空間性はそれぞれ異なっており、だからこそ、私たちはひとりひとり異なる仕方で世界を経験している、ということを学びました。第Ⅱ部では、私たちと他者との関わりに目を向けます。その口火を切る本章では、雰囲気や空気に基づく他者関係や他者理解について考えていきたいと思います。

5-1　いじめの基礎知識

　雰囲気や空気に基づく他者関係や他者理解という観点から、いじめを捉えなおしてみましょう。

5-1-1　いじめ防止対策推進法の概要

　2013年9月に「いじめ防止対策推進法」(以下、防止法と略)が施行されました。防止法は、いじめの防止、いじめの早期発見、いじめへの対処に関わる基本理念を定めると同時に、保護者、地方公共団体、国などがそれぞれ担うべき責務を明らかにしています。
　防止法では、いじめは次のように定義されています。「『いじめ』とは、児童等に対して、当該児童等が在籍する学校に在籍している等当該児童等と一定の人的関係にある他の児童等が行う心理的又は

物理的な影響を与える行為（インターネットを通じて行われるものを含む。）であって、当該行為の対象となった児童等が心身の苦痛を感じているものをいう」、と。では、こうしたいじめとは具体的にどのようなものなのでしょう。

2012年に行なわれたいじめに関する調査[1]によると、いじめの態様（複数回答可）の上位3つは次のとおりです。「冷やかしやからかい、悪口や脅し文句、嫌なことを言われる」(57.6%)、「ひどくぶたれたり、叩かれたり、蹴られたりする」(37.1%)、「軽くぶつかられたり、遊ぶふりをして叩かれたり、蹴られたりする」(30.6%)と続きます。

5-1-2 これまでのいじめ論

森田らによると、教室内でのいじめは4層構造をなしており、クラス全員が何らかの形で、ある特定の子どもへのいじめに参加している、とされています（森田他, 1994）（図5-1）。この4層とは、いじめの被害者、いじめの加害者、いじめをはやし立てる観客層、ただ傍観しているだけの無関心層です。しかし、5-1-3で見ていくように、今日のいじめはいささか変化しているようです。

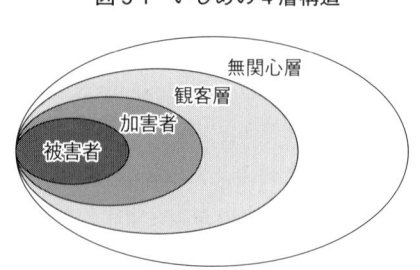

図5-1　いじめの4層構造

5-1-3 新しいいじめ論① スクールカースト

教育評論家の森口朗は、今日のいじめを理解する手がかりとして、「スクールカースト」という概念を導入しています（森口, 2007）。スクールカーストとは、「自己主張力」「共感力」「同調力」を含んだ各人のコミュニケーション能力（人気やモテ）に応じた、教室内ステイタスのことです[2]。スクールカーストの観点からいじめを読み解くと、次の4つに分類されると、森口はいいます（図5-2）。なお、図5-2中の◎は恒常的な被害者、●は恒常的な加害者、■は被害者にもなりうる加害者、□は中立者（加害者にも被害者にもならない）、点線はグループのまとまりを表しています[3]。

図5-2 いじめのタイプ

タイプ① 加害者がクラスの大半を占めるいじめ[4]

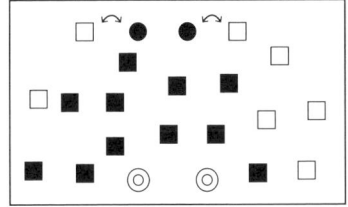

〈ポイント〉
　多くの子どもたちが、加害者にも被害者にも観客にもなりうる立場にいる、今どきのいじめのひとつ。被害者は固定的である。
　ターゲットによっては恒常的な加害者になるが、それ以外の場合には中立者になる子どももいる。

タイプ② さまざまな差別に基づくいじめ

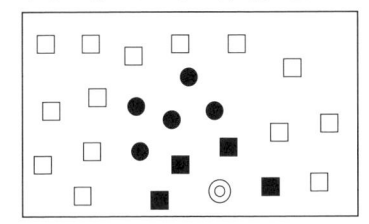

〈ポイント〉
　差別に基づくいじめ。
　差別の理由は、学力が低い、身なりが不潔といったものから、生家が裕福、容姿が良いといったものまでさまざま。価値観の問題になるため、いじめに不参加の子どもも増える。

タイプ③　グループ内でのいじめ

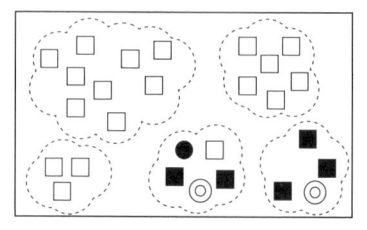

〈ポイント〉
　最も一般的ないじめ。
　スクールカーストの低い子どもほどグループ内移動がむずかしいため、いじめはカーストの低いところで起きる。
　いじめリーダーの気分によって、加害者から被害者に地位が入れ替わることもある。

タイプ④　クラスを超えたいじめ

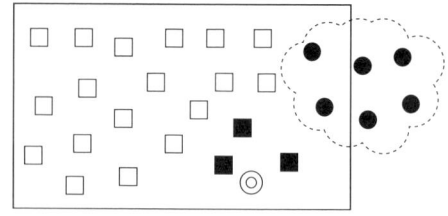

〈ポイント〉
　クラスを超えた不良グループが、特定の被害者をターゲットにする。暴行・恐喝など悪質な場合が少なくない。

　この4分類をふまえることにより、旧来のいじめ構造の捉え方の不十分な点が明らかになります。タイプ①に示される〈クラスのほぼ全員が加害者にも被害者にもなる〉いじめの場合、旧来の捉え方では毎回各層の構成メンバーが変わることになり、現実的ではありません。また、旧来の捉え方では、クラス内でグループが細分化され、その中でいじめが生じているケースをうまく表現できません。このようにイマドキのいじめは多様化しているのです。

5-1-4　新しいいじめ論②　優しい関係

　社会学者の土井隆義は、若者たちの「優しい関係」がいじめを生みだしている、といいます（土井, 2008）。今日の若者は、周囲の友だちと衝突したり嫌われたりすることを極端にきらい、つねに空気

を読み、相手への繊細な気配りをしています。それが優しい関係です。〈地雷をふまない〉ように、相手の顔色や場の空気を読みつづけるのは、とても神経を使います。そうして煮つまった息苦しさから逃れるために、グループの誰かを〈いじる〉、つまりいじめるわけです。上述のスクールカースト論でいうと、タイプ③に当てはまると考えられます。

　土井自身は述べていませんが、グループを移動することや、〈キャラ〉を変えることはなかなかむずかしいので、グループ内で〈いじられキャラ〉として認定されてしまうと、ターゲットにされつづける可能性があります。〈いじられることはおいしい〉、つまり、周りからバカにされることは、みんなの注目をあびてめだてることである、という価値観を多くの子どもたちはもっています。なので、グループの中では、いじる側も、いじられる側も、楽しく笑いつづける必要があります。いじられキャラが、いじられるつらさに耐えかねて、いじりに乗らないことは、〈空気を読まない〉、場をしらけさせる行為であり、周りから認めてもらえません。しかし他方で、いじる-いじられるという関係が固定化してしまえば、また空気が煮つまってしまいます。その際には、たとえば、〈空気を読まずにやりすぎた誰か〉が、次の被害者になるのかもしれません。

　いずれにせよ、優しい関係のいじめにおいても、〈場の雰囲気〉が重要なカギをにぎっています。土井も次のように述べています。「いじめの主導権を握っているのは、いわば場の空気であって、生徒たちは誰もがそのコマの一つにすぎない」（土井, 2008, p.22）、と。

5-1-5　新しいいじめ論③　群生秩序

　社会学者の内藤朝雄は、みんなで生きているその場の雰囲気（ノ

リ）が善悪の基準となるような子どもたちのあり方を、「群生秩序」と名づけ、次のように述べています。

> 自分が好意を持って近づこうとする以前に運命としてベタベタさせられる生活環境で、生徒たちは、個人で愛したり、憎んだり、楽しんだり、むかついたりするのではなく、みんなのノリを感じ取り、その盛り上がりに位置付けられた「自」の「分」としての「自－分」の感情を身分的に生きる。…〔この〕無責任のおかげで、生徒たちは身もこころも軽くなって、ひとりではできないことを平気でやる。(内藤, 2009, p.48)

「友だちに『あのひと嫌い』と言われると、『何かそれ』、うつっちゃうんですよ」(同書, p.57)と少女が語るように、子どもたちは、自分の意志ではなく、いわば〈集団の意志〉につき動かされていじめをしている、といえます。

5-2　感情と雰囲気に関する現象学の知見

5-1でとりあげた新しいいじめ論からは、イマドキのいじめを読み解くうえで、場や集団の〈空気〉や〈雰囲気〉という観点が欠かせないことが明らかになりました。そこで本節では、空気や雰囲気に基づいて他者の状態や思いを感知することについての現象学の記述を見ていきたいと思います。

5-2-1　雰囲気としての感情

　感情や気分と雰囲気との関係を考察しているヘルマン・シュミッツは、「通常は個々人の私的なことがらとしてみなされている感情」は、空間的な広がりをもつ「雰囲気でもある」(Schmitz, 1974, S.329)、と言います。ひとりひとりがかもしだす雰囲気が混じり合って、場の雰囲気が作られるわけです。

　感情が雰囲気であり、個々の雰囲気が集まって場の雰囲気が作られることについて、結婚式を例に考えてみましょう。新婦の父親は、嬉しさよりも寂しさを感じているかもしれません。新郎新婦の母親は、子育ての集大成をむかえ、安堵と誇らしさを味わっているかもしれません。お酒と食事だけを楽しみにきた遠縁の親戚もいるかもしれません。このように参列者がそれぞれの感情を抱いていても、結婚式会場は、総じて、喜びや幸せの雰囲気で満たされています。そうした会場にいることで、参列者全員が、喜びや幸せの感情を味わうようになります。私たちの感情が、空間的な広がりをもつ雰囲気だからこそ、自分の感情が場の雰囲気を変えることもありますし、逆に、場の雰囲気に自分の感情が影響を受けることもあるわけです。自分の感情と場の雰囲気とのこうした関係は、たとえば、母親のキゲンが悪いと、家じゅうの雰囲気がピリピリしたものになることや、スポーツ観戦や映画鑑賞での観客同士の一体感として、しばしば体験されます。

　他方、場の雰囲気と自分の感情との関係は、両者がシンクロするものだけではありません。たとえば、恋人と別れた寂しさをいやすために飲み会に顔を出したのに、楽しく盛り上がっている雰囲気になじめずに、なおさら寂しさが募る、という場合があります。シュ

図 5-3　場の雰囲気の作られ方

その場にいるひとりひとりが、感情を雰囲気としてかもしだします（点線）。その雰囲気が混じり合って、1つの場の雰囲気が作られます（実線）。この場の雰囲気に、その場にいるひとびとの感情や思考が影響を受けます。こうして場の雰囲気はそのつど作られつづけるのです。

ミッツも、「ある感情は、あるひとにとって、そのひと自身を捉えることなく、押しつけがましい形でふりかかってくることもある」（同書, S.336）、と述べています。私たちが場の雰囲気を敏感に捉えるからこそ、その雰囲気になじめない自分の感情が際立って感じられることもあるのです[5]。

5-2-2　雰囲気に基づく他者理解

　哲学者マックス・シェーラーは、共感（sympathy）のさまざまなあり方を考察しています（シェーラー, 1977）。本項ではその中から、相互感得、感情伝播、一体感の3つを紹介します。
　相互感得とは、自分と相手が、同じ情緒的活動を互いに感じ合い

つつ、互いに体験し合っていることです。いじめの例でいえば、いじめの加害者同士が、被害者に対するイライラしてムカつく気もちを、あえて言葉にしなくても感じ合っている状況になります。

　感情伝播とは、あるひとの感情が周りのひとびとに伝播し、〈不随意〉に〈無意識〉に、そのひとびとも同じ感情を抱くようになることです。いじめの例でいえば、5-1-5で述べたように、誰かが「Aがムカつく」と思い、言葉や態度によってそうした雰囲気をかもしだすと、それが周りのクラスメートにも感染し、彼らもAのことをムカつくようになる、という状況です。

　一体感とは、自分と他者が一体となって、同じ感情状態に陥ることです。この一体感の例として、シェーラー自身は、宗教的儀式などでの忘我状態（エクスタシー）を挙げています。いじめの例でいえば、被害者を自殺に追いこむほどのひどいいじめの加害者たちの状態は、一体感といえるかもしれません。かつて、担任教師を含めたクラスのほぼ全員で、ある生徒の〈葬式ごっこ〉を行なって彼を自殺にまで追いこんだ事件がありました。葬式ごっこの参加者は、誰もが善悪の区別がわからなくなるほどの一体感の状態にあり、だからこそいじめの歯どめが効かずにエスカレートしていった、と考えられます。

　シュミッツとシェーラーとを手がかりにして見てきたように、感情は空間的な広がりをもつ雰囲気であり、私たちは、この雰囲気に影響を与えつつ影響を与えられています。同じ場所にいてそうした雰囲気を共有することで、互いに共感し合い、互いの感情を身をもって感じ合うことができるのです。

5-3　いじめ再考

5-2で学んだように、私たちは、場の雰囲気を介して他者の思いを感じとりつつ、場の雰囲気に強く影響されています。本節では、5-1で簡単に触れた新しいいじめ論とは少し異なる観点から、場や集団の雰囲気に基づくいじめについて考えていきます。

5-3-1　被害者原因論

いじめにまつわる言説には、相反するものがあります。たとえば、「いじめは加害者が100％悪い」という論と、「被害者にはいじめられるだけの理由や原因がある」（以下、〈被害者原因論〉と略）とする論です。どちらの言説にも、さまざまな理由から賛成するひとがいると思います。しかし、〈被害者原因論〉は、一般的には、道徳的ではないとして認められない場合が多いようです。

筆者は、いじめ加害者が100％悪いとは思いませんが、どんな理由や原因もいじめを正当化することはできない、と考えています。大学の講義でそう話すと、学生からは、「じゃあ、いじめの被害者にどんな理由や原因があっても、私たちがガマンして、被害者をそのまま受け容れなければならないのですか」、といった反論がきます。何らかの立場でいじめを体験したことのあるひとほど、道徳的ではないとわかっていても、「被害者にもそれなりの理由と原因がある」、と実感しているようです。なぜなのでしょうか。

5-3-2　気づかないうちに強要されているいじめ

　5-2で見たように、私たちは、無意識的かつ不随意的に、場の雰囲気に影響を与えられながら生きています。教室やグループといった場の雰囲気・空気・ノリにのまれて、いじめに加担することもあるでしょう。そのときには、いじめを正当化する理由を考えたりするまえに、口や体が動いているのではないでしょうか。土井の言葉をかりれば、場の雰囲気に支配されているコマの1つとして、ふと気づいたら、いじめをしてしまっているのではないでしょうか。

　被害者への感情も同じです。被害者が何か気にさわるようなふるまいや言動をするかどうかにかかわらず、被害者が自分の視界に入ったり、自分のそばにいるだけで、気づいたらイライラして、ムカついているのではないでしょうか。被害者がかもしだしている雰囲気が、なんとなくひとをイライラさせるものである場合もあるでしょう。被害者の身なりが不潔で、視界に入るとイヤな思いをしたり、ただよってくる臭いに苦しめられる場合もあるでしょう。こうしたイライラやムカつきや不快感は、「あの子のああいうところがイヤ」などという思いが意識にのぼるまえに、自然と受動的に生じているのではないでしょうか。

　場や集団を支配している雰囲気によっていじめが生じるときには、私たちは、気づいたら被害者のことをなぜかキライになっていたり、そばにいるだけでイライラしたり、ついいじわるをしてしまいます。雰囲気によって、気づかないうちにいじめを強要されているのです。

5-3-3　後づけされる理由

　場や集団の雰囲気・空気・ノリにのまれると、はっきりした自分の意志が動きだすまえに、〈なんとなく〉いじめに加担することになります。被害者に対して〈なんかイライラ〉して〈なんかキライ〉になるのです。のちにいじめが発覚すると、「なぜあの子をいじめたのか？」と誰かに問われることになります。そのとき初めて、私たちは意識的に自分の思いや体験を問いなおします。そして、「あの子は性格悪いから」とか、「あの子は不潔でくさいから」とか、「あの子をかばったら今度は自分がターゲットになるから…」とか、「受験のストレスを解消したくて」とかいったさまざまな理由を、後づけで考えるのではないでしょうか[6]。

5-3-4　加害者が味わう〈理不尽さ〉

　場や集団の雰囲気にのまれて、〈なんとなく〉イライラしていじめに加担している加害者は、雰囲気につき動かされて、いわば無自覚的にいじめをしています。内藤の言葉をかりれば、彼らは「無責任」な状態にあります。つまり、自分の行為に責任をとるべき主体として動いているわけではありません。こうしたあり方をしている彼らは、「いじめたあなたが100％悪い」、と言われてもピンときませんし、納得もできません。

　なぜかイライラとさせられる被害者の言動や、不潔な身なりや臭いといった被害者がかもしだす不快な雰囲気におびやかされて、なんとなく不快感を覚えていじめをしている加害者もいます。彼らもまた、「いじめたあなたが100％悪い」、と言われても納得できない

でしょう。というのも、彼らからしてみれば、つねになんとなくイヤな思いをさせられている自分たちこそが、被害者なのですから。上述した「私たちがガマンして、被害者をそのまま受け容れなければならないのですか」という反論からも、加害者側のこうした思いが透けて見えます。

　学校などにおいて、場や集団の雰囲気を共に生きている子どもたちは、自分の能動的な意志にかかわらず、そうせざるをえないという形でいじめを行なっています[7]。そうせざるをえないという形にも、雰囲気にのまれている場合もあれば、被害者のかもしだす不快な雰囲気におびやかされている場合もあります。いずれにせよ、〈なんか …〉〈なんとなく …〉という曖昧な思いが加害者を捉えています。

　本章でここまで見てきたように、いじめは非常に複雑で曖昧な営みです。〈加害者が100％悪い〉という道徳論でも、〈被害者にも理由がある〉という感情論でも、うまく解きほぐすことはできません。だからこそ、場の雰囲気に自然と強要されて〈なんとなく〉被害者をキライになって、〈なんとなく〉いじめてしまうという私たち自身のあり方に、きちんと向き合う必要があるのではないでしょうか。

【注】
[1] 文部科学省（2012）「いじめの問題に関する児童生徒の実態把握並びに教育委員会及び学校の取組状況に係る緊急調査」。
[2] 教育社会学者の鈴木（2012）は、子どもたちが生きている関係としてのスクールカーストについて、いじめの文脈とは切り離して論じています。鈴木によると、中学高校では、スクールカーストはグループ間の地位の差として認識されており、個人の地位やキャラクター（キャラ）は固定的であり、努力では変えられないといいます。
[3] 図は森口（2007）を参考に筆者が作成。
[4] 森口による原図では、恒常的な加害者●は記載されていません。推測になりますが、このモデルでは多くの子どもたちが被害者にも加害者にもなるため、恒常的な加害者は想定されていないのかもしれません。しかし筆者らは、本文中で述べているように、カーストの高い子どもたちの中には、場合によって恒常的な加害者になったり、無関心な中立者になったりするものがいると考えています。
[5] 身をもって感じたこうした違和感をきっかけとして、いじめの加害者・観客・無関心層から、いじめに加担することをやめたり、いじめの仲裁者になるひともいるかもしれません。
[6]「どんな原因や理由があってもいじめを正当化することはできない」と筆者が考えるのは、このように、それが後づけされた理由だからです。理由を後づけて、〈なんとなく〉いじめている自分のあり方に直面しないでいるかぎり、いじめをやめることはできないでしょう。そもそも、あるひとを〈イヤだ〉〈キライ〉と思うことと、それを理由にそのひとを貶めることとのあいだには、大きなへだたりがあると、筆者は考えています。
[7] いじめと同じく学級崩壊においても、子どもたちは自分の意志や思いとは関わりなく、場の雰囲気に支配され、つき動かされているように見えます。

第6章 自閉スペクトラム症
── 相手の気もちを理解する

　第5章では、場の雰囲気にのまれることによって、つまり、場の雰囲気をとおした無意識的な他者理解や他者との共鳴によって、いじめが起きることを見てきました。続く本章では、場の雰囲気にのまれることとは反対の、〈相手の気もちがわからない〉ということについて考えていきます。

6-1 自閉症の基礎知識

　〈相手の気もちがわからない〉ということについて、〈自閉スペクトラム症（Autisum Spectrum Disorder）〉のひとびとの経験を手がかりとしながら見ていきましょう。

6-1-1 自閉症をめぐる定義

　日本が精神障害の定義として採用しているＤＳＭの最新版の邦訳が、2014年10月に出版され、これまでアスペルガー症候群などと分類されていた一群の自閉症は、「自閉スペクトラム症」に包含されました。

　・文部科学省による定義 [2]
　　3歳くらいまでに現れ、(1) 他人との社会的関係の形成の困難

さ、(2) 言葉の発達の遅れ、(3) 興味や関心が狭く特定のものにこだわること、を特徴とする行動の障害。中枢神経系に何らかの要因による機能不全があると推定される。自閉症のうち、知的発達の遅れを伴わないものを高機能自閉症（High-Functioning Autism）、さらに言語発達の遅れのないものをアスペルガー症候群（Asperger Syndrome）と分類し、それらすべてを含んで広汎性発達障害（PDD: Pervasive Developmental Disorders）と呼ぶ。

　自閉症には、①相手と気持ちを通じ合わせたりする相互的社会関係能力の限界、②相手と目を合わせたり会話を楽しんだりするコミュニケーション能力の限界、③相手の気もちに思いをはせたり、物事の全体的像や全体的な流れを把握する想像力の限界という「3つ組」の特徴が見られる、とされています。

　なお、DSM-5では、広汎性発達障害ではなく、自閉スペクトラム症というカテゴリーが新たに採用されています。それにならい、本章でも、自閉スペクトラム症という言葉で、自閉症に関連するすべての障害を表します[3]。

6-1-2　自閉スペクトラム症の特徴

　定義だけを見ても、自閉スペクトラム症のひとびとがどんな感じなのか、イメージが湧きにくいかもしれません。本項では、自閉スペクトラム症の典型的な特徴を見ていきましょう。次に挙げるさまざまな特徴は、自閉スペクトラム症の研究者や当事者によって語られているものです。

（1）**知覚がセンシティヴ**：第3章で詳しく見たように、五感がセ

ンシティヴ（sensitive＝敏感・繊細）なひとが多いようです。アスペルガー症候群当事者である綾屋は、「世界にあふれるたくさんの刺激や情報を潜在化させられず、細かく、大量に、等しく拾ってしまう傾向が根本にある」（綾屋他, 2008, p.15）と述べています。

（2）**視覚認知の困難さ**：立体（3D）の認知がむずかしいため、ひととの距離感がわからなかったり、ひとの顔の表情がわからなかったり、髪型といった特徴が少しでも変わると、相手を同定できなかったりするひとがいます。モノの特定の部分は細かく見ることができる一方で、全体を把握することがむずかしかったりもします。

（3）**特定のモノや手順へのこだわり**：青色の服しか着ない、特定のモノしか使わない、特定の道しか通らないなど、特定のモノや自分が決めた手順への強いこだわりを発揮するひとが多いようです。

（4）**相手の気もちが理解できない**：相手に対する想像力や、相手の表情や雰囲気の変化を察する力が弱いため、相手の気もちを理解することがむずかしいようです。このことについては、6-3で詳しく見ていきます。

6-2　感情移入論

6-1で見たように、相手の気もちを汲みとったり、ひとと気もちを通じ合わせて友だちになったりといった「他人との社会的な関係の形成の困難さ」が、自閉スペクトラム症の大きな特徴の1つです。そこで本節では、日常生活を営むうえで必要になる他者理解の能力について、現象学の〈感情移入（empathy）〉という観点から考えていきます。

6-2-1 フッサールによる一方向的な感情移入

　私たちは、自分とは違うひとを、どのようにして〈他者〉として認識するのか。この問いを探求するために、現象学の創始者であるエトムント・フッサールが考えだしたのが、感情移入という概念です。

　感情移入では、〈私がそこに行ってそこにいたら …〉という形で、自分を相手へと重ね合わせることによって、相手を捉えようとします。つまり、〈私があのひとの立場だったら …〉という形で、自分の経験などをベースにして、相手の考えや思いや状況を理解しようとします。このように私自身が重ね合わせられているから、感情移入によって理解される他者は、「私自身の反映」、あるいは「私自身の類似物」（フッサール, 2001, p.170）として現われてきます。でも、そもそも他者は、私には捉えきれないそのひとに固有の考えや思いをもっているはずです。とすると、自分を基準にして、自分の思いや経験を相手に反映させているかぎり、そうした他者理解は一面的なものにとどまってしまいます。

　こうした理由から、本書では、自分を相手に重ね合わせることで理解しようとする感情移入を、〈一方向的な感情移入〉と呼ぶことにします。

　私たちは日常生活の中で、しばしば、一方向的な感情移入によって誰かを理解しています。たとえば、自分の親とか先生といったおとなから、〈自分がされてイヤなことはひとにしてはいけない〉、と諭された経験が一度はあるでしょう。この言葉の背後には、〈自分がされてイヤなことは他者も同じようにイヤに違いない〉、という暗黙の前提があります。こうした前提は、自分を基準にして相手を

理解しようとする、一方向的な感情移入によるもの、といえます。

　同じように、たとえば、友人から悩みごとを相談されたときに、「うん、わかる、わかる」、と相づちを打った経験のあるひとも多いのではないでしょうか。「わかる」の相づちの後には、「私にも似たような経験があって …」、という言葉が続くことが多いでしょう。つまり、私たちは、友人の体験と似ている自分自身の体験を思い出し、そのときの自分の思いや状況を友人へと重ね合わせることで、友人の思いをわかっ（た気になっ）ているのです。また、私たちは、「あのドラマ（小説／映画）の登場人物に感情移入しちゃった」などと、感情移入という言葉を使うことがあります。この場合の〈感情移入〉でも、登場人物の思いや状況へと、自分自身の体験を重ね合わせて共感しています。

6-2-2　浸透的で双方向的な感情移入

　6-2-1で見たように、私たちのいつもの他者理解のあり方や、ふだん使われる〈感情移入〉という言葉には、一方向的な感情移入が含まれています。でも、私たちがふだん、誰かの気もちがわかるとき、自分自身を相手に重ねているだけではありません。

　たとえば、悲しんでいるひとを見てもらい泣きをしたり、場の雰囲気にのまれてしまったり、というように、他者の感覚や思いが私自身へと入りこんでくることがあります。私たちは、泣こうと思ってもらい泣きをするわけでも、その場になじもうとして場の雰囲気に流されるわけでもありません。そうではなく、気づいたときには自然と涙が流れていたり、場の雰囲気にのまれてしまっています。他にも、ケガをしている友人の姿を見たときに、〈私があれくらいのケガをしたときには痛かったから〉などと思うまえに、思わず顔

をしかめてしまった経験はないでしょうか。この場合も、私が何か を考えるより以前に、相手の痛みが自然と私に入りこんでしまって います。

　私が何かを考えたり想像したりするまえに、他者の感覚や思いや 場の雰囲気が私に自然と入りこんでくるこうした感情移入を、本書 では、〈浸透的で双方向的な感情移入〉と呼ぶことにします。この 感情移入では、私へと自然に浸みこんでくる相手の気もちや場の雰 囲気をベースにして、私が相手やその場を理解するので、こうした 言葉を選びました。

　一方向的な感情移入では、私の感情を相手に重ね合わせる、つま り、私から相手へと矢印が向かいます。他方、浸透的で双方向的な 感情移入では、相手の感情や場の雰囲気が私に浸みこんでくること で、私は相手や場の雰囲気を捉えます。つまり、私と相手に双方向 の矢印が向かいつつ、場から私たちへと向かう矢印もあるわけです （図6-1）。

図6-1　2つの感情移入とその関係

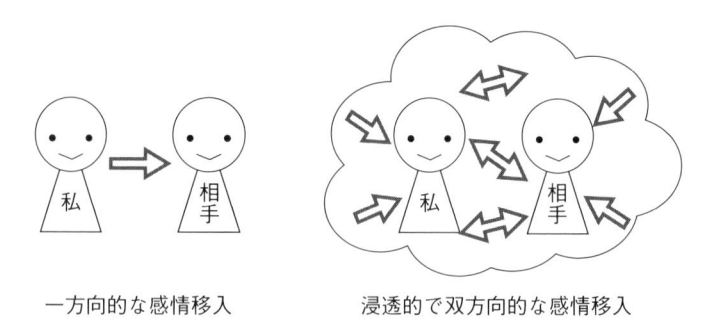

一方向的な感情移入　　　浸透的で双方向的な感情移入

さらにここで次のことを強調しておきます。この2つの感情移入はそれぞれ独立しているのではなく、浸透的で双方向的な感情移入というベースがあって、一方向的な感情移入が成立するのではないかと、筆者たちは考えています。次節の論の先取りになりますが、自閉症のひとたちの場合には、浸透的で双方向的な感情移入というベースがほとんどない中で、一方向的な感情移入で相手を理解しようとするために、いろいろな困難が起きているように見えます。

6-3 相手の気もちが理解できないつらさ

2つの感情移入のイメージはつかめたでしょうか。次に、自閉スペクトラム症の子どもたちが抱えるとされる、「他人との社会的関係の形成の困難さ」について考えていきましょう。

6-3-1 気もちがわからないからこその衝撃

6-1では、相互社会関係能力、コミュニケーション能力、想像力の限界という自閉症の3つ組の特徴を確認しました。一般的には、自閉スペクトラム症のひとびとは、他者の気もちや場の雰囲気を理解することがむずかしい、といわれます。こうした表現からは、一見すると、当事者が苦しんでいないかのような印象を受けます。だって、相手の気もちも、場の雰囲気もわからないのであれば、私たちのように孤独を感じたり、人間関係で傷ついたりしなさそうですから。関係とはそもそも双方向的なものなので、当事者が抱えるとされるさまざまな〈限界〉は、彼らと関わる私たちに降りかかってくる、とさえいえるかもしれません。彼らとうまくコミュニケー

ションがはかれないことで、疲れてしまったり、傷ついたりするのは、むしろ私たちの方かもしれないわけですから。… 本当にそうでしょうか。

　アスペルガー症候群の当事者である磯崎は、〈普通〉や〈一般的な常識〉といった感覚がほとんどないため、自分のすべてのふるまいの判断基準が自分自身でしかありえないつらさについて述べています（磯崎, 2014）。とすると、〈他者の気もちがわからない〉〈場の空気が読めない〉自閉症のひとびとが誰かを理解するときも、彼ら自身が基準になっている場合もある、と考えられます。自分自身が基準になるということは、相手も自分と同じに感じられるということです。その場合、相手は自分とは違う他者ではなく、自分自身の分身ないしは反映になります。

　〈普通はこうだろう〉という感覚や、場の雰囲気の変化をほとんど感じずに、一方向的な感情移入によって相手を理解したら、どうなるでしょうか。そうした理解は、自分の気もちを汲んでくれない、一方向的な押しつけと相手に感じられてしまうおそれがあります。しかも、当の自閉スペクトラム症のひとびとは、相手を自分自身の反映として理解しているため、自分の理解以外の選択肢があることがわかりません。たとえば、〈相手は悲しいに違いない〉と理解すると、相手が実は悩んでいたり、切なさを感じたりしているかもしれない、という別の選択肢はまったく頭に浮かばなくなります。だから、自分の理解に対して相手が拒絶したり、相手との齟齬が生じたりしてしまうことは、彼らにとってまさに〈青天の霹靂〉なわけです。このときに彼らが感じる衝撃は、たとえば、自分ではよくできたと思っていた試験の成績がD判定だったり、道が続いていると思って足を踏み出したら落とし穴に落ちたりするような、まったく疑っていなかったことに裏切られる、という衝撃だと考えられま

す。

　『旦那さんはアスペルガー』というマンガの中に、次のエピソードがあります。のちにアスペルガー症候群と診断を受ける旦那さんは編集者をしており、若い女性の担当作家との会話の中で、彼女が炊飯器をもっていないことを知ります。そこで旦那さんは、次の打ち合わせのときに、彼女に炊飯器をプレゼントします。仕事上のつながりしかない若いひとり暮らしの女性に炊飯器をプレゼントするのは、プライベートにいささか踏みこみすぎのように思われます。実際、担当作家の女性は、「気もち悪い」などと陰で悪口を言うことになります。そのことを後で知った旦那さんは、「親切心からあげただけで下心なんてないのに！」とショックを受けることになる、というものです。

　くり返しになりますが、自分の理解以外の選択肢があることがわからず、自分の理解の正しさをまったく疑っていないからこそ、自閉症のひとびとが襲われる衝撃や傷つきは、私たちが人間関係の齟齬で感じる衝撃や傷つきよりも、よほど大きいのではないでしょうか。これが、〈他者の気もちがわからない〉〈場の空気が読めない〉ことに伴うつらさの一側面なのです。

6-3-2　感じとってもどうにもできない〈ズレ〉

　6-3-1では、場の空気を感じられず、一方向的な感情移入による自分の反映としてしか他者を理解できないという意味での、他者の気もちのわからなさをとりあげました。次に見ていくのは、他者の気もちがわからず、場の空気が読めないことが自分でもわかっているのに、どうにもできないつらさです。

　当事者の綾屋は、〈言葉のキャッチボール〉という慣用句を手が

かりとしながら、他者とのコミュニケーションをとることのむずかしさを、他者とボール投げをしたくてもできないつらさとして描いています。

> ボール投げをしたくないわけではなかった。むしろ切望していた。でもどこの集団に行ってもボールは多くて、速くて、また扱う時のルールがわからなかったのである。
> なんだか楽しそうな様子はわかるので、できればそれに乗って私も楽しさを味わい、一緒に笑いたいと思うのだが、「なぜみんなはそこで笑えるのか」を把握することができない。「いまこの人は普通の声から気取った声の出し方に変わった」「いま彼女は話す前に髪をかき上げた」というひとりひとりの話し手の所作はどんどん目にとまるし、セリフのひとつひとつもちゃんと聞いているけれど、その所作やセリフがグループ内の会話の流れ全体にどのように関連しているのかがわからないのである。突然「わぁっ！」と笑いが起きた時、「いまみんな一斉に笑った。どこが面白い部分だったのだろう」と戸惑い、わからない自分に焦る。（綾屋他, 2010, pp.24-25）

ここで描かれているのは、みんなが自然と共有している雰囲気や、会話のルールが、自分にはまったくわからないという孤独です。綾屋が、他者に十分興味をもっており、他者の一挙手一投足を詳細に捉えることができるからこそ、彼女の感じる焦りや孤独は深いものになります。綾屋は、他者や〈世間一般〉と自分とのあいだにズレがあることはわかっています。でも、自分がどんなふうにズレているのかがわかりません。だから彼女は、全身をアンテナのようにして、話し手の細かい所作やセリフのひとつひとつを情報源として、

会話の流れやルールをつかもうとします。綾屋のこうしたあり方は、会話を楽しむことからは大きくへだたっています。さらに、こうした情報を手がかりとした、会話の暗黙のルールに対する自分の判断が誤っているかもしれないと思っても、彼女にはその判断を実行するしかないのです。

綾屋の記述からは、彼女には、私たちが自然と行なっている浸透的で双方向的な感情移入がむずかしい、ということがうかがえます。当事者の磯崎にも同じことがいえます。自分だけが判断基準である磯崎は、たとえば、ポケットティッシュがたくさん置かれていて、〈ご自由にお取りください〉と書かれている場合、〈ご自由に〉とはどの程度なのかがわかりません。だから彼は、〈ご自由に〉という言葉のその場での限界を確認して納得するために、その場にあるティッシュをすべて持ち帰ります（磯崎, 2014）。磯崎はこうした行動によって、綾屋は友人の所作をくまなく観察することによって、自分から能動的に他者や状況を捉え、自分のものにしようとします。この意味で、彼らは、自分自身が基準となる一方向的な感情移入によって他者や状況を理解しようとしている、といえます。

一般的に、自閉症のひとびとが、「他者の気もちや場の雰囲気を理解することがむずかしい」、といわれていることはすでに述べました。こうした言葉から想像されるのは、自分の気もちを相手に押しつけて平気な顔をしているワガママなひとや、場の雰囲気を読めずに周囲に迷惑をかけているひとの姿でしょう。このように他者の気もちや場の雰囲気を気にしないですむのであれば、自閉スペクトラム症のひとびとは、相手を傷つけても自分は傷つくことがなく、自由に幸せに生きていけるはずです。しかし現実には、一方向的に相手を理解しているからこそ、実際の相手の反応が自分の想定を超えていることに大きな衝撃を受けて、深く傷ついているひともいま

す。反対に、綾屋や磯崎のように、周囲との〈ズレ〉を感じながら、どうにもできないつらさや焦りや孤独を味わっているひともいます。〈他者の気もちや場の雰囲気を理解することがむずかしい〉ということにもいくつかの形があり、当事者が感じるつらさや孤独にもいろいろあるのです[4]。

【注】

[1] DSMについては第3章の［4］参照。
[2] 文部科学省ホームページ「今後の特別支援教育の在り方について（最終報告）」参照。
[3] DSM-5では、自閉症（autistic disorder）、アスペルガー症候群、広汎性発達障害という分類がなくなりました。しかし、注で、これらの「診断が十分確定しているものには、自閉スペクトラム症の診断が下される」（日本精神神経学会, 2014, pp.27-28）と明記されています。
[4] 障害についての周囲の無理解などを原因とする二次障害について語られることが多くなってきました（たとえば、神田橋他（2010））。この二次障害も、当事者の数だけいろいろな困難やつらさのあることが予想されます。

第7章 カウンセリング ── 内なる声を聴く

　第6章では、自閉スペクトラム症のひとびとの当事者研究を手がかりとして、〈場の雰囲気やひとの気もちが理解できない〉つらさについて学びました。ひとの気もちを理解する技法の1つに、カウンセリングがあります。そこで本章では、カウンセリングという営みの本質である〈聴く〉ということについて考えていきます。

7-1　学校におけるケア職についての基礎知識

　生徒指導の枠組みの中に、〈教育相談〉があります。教育相談とは、教育にまつわるさまざまな問題について、カウンセラーや教師が、相談を通じて助言・指導を行なうことです。近年は、社会環境の変化に伴い、子どもたちの抱える問題が多様化・深刻化しているとされ、学校現場における教育相談の充実がはかられています。

・スクールカウンセラー（学校臨床心理士：以下、SCと略）
　SCの資格要件は、臨床心理士・精神科医・大学教員です。臨床心理士とは、財団法人日本臨床心理士資格認定協会が認定する資格です。1988年度から認定が始まり、2013年4月1日現在で、2万6329名の臨床心理士が誕生しています。SCとしては、約5000名が活動しています[1]。1995年度からSCの学校配置が開始され（当初は154校）、2008年からは、全公立小中学校への配置が計画的に

進められています。2012年度時点で、小学校1万1690校、中学校8252校にSCが配置されています。2013年度予算案では、小学校1万3800校（約65％配置）、中学校9835校（全校配置）への配置が目指されています [2]。

SCは、子どもたちの臨床心理に関して高度に専門的な知識および経験を有する者であり、子どもたちへのカウンセリングに加えて、教職員・保護者への助言や援助も行ないます。

・学校心理士

学校心理士は、一般社団法人学校心理士認定運営機構が認定する資格です。1997年度から認定が始まり、これまで約5500名の学校心理士（補）が誕生しています。2011年度からは、上位資格である「学校心理士スーパーバイザー（CSP-SV）」も創設されています。学校心理士は、学校生活をめぐるさまざまな問題について、子どもたちへの直接的援助に加えて、保護者、教師、学校に対しても心理教育的援助サービスを行なうことを目的としています [3]。

・スクールソーシャルワーカー（以下、SSWと略）

SSWは、子どもたちがおかれているさまざまな環境に着目し、学校内あるいは学校の枠を越えて、関係機関との連携を進めつつ問題解決をはかるコーディネーター的な役割として、2008年度から学校に配置されています。学校心理士やSCとは異なり、SSWになるための決まった方法はありません（養成課程を開講している大学は複数あります）。応募資格として、国家資格である社会福祉士か精神保健福祉士の資格や、教職経験者であることなどが求められることが増えているようです [4]。

7-2　カウンセリング

　学校におけるケア職には、SSWも含めて、カウンセリングの能力が欠かせません。さらに、近年では、教師にもカウンセリングの能力と技量が求められています。そこで本節では、カール・ロジャーズのクライアント中心療法におけるカウンセリングの定義と、傾聴について学びます。

7-2-1　カウンセリングの定義

　心理学者の諸富祥彦によると、カウンセリングには、それぞれの理論的背景に基づく3つの大きな立場があるといいます（諸富, 2010）。1つめが、ジグムント・フロイトの精神分析などに代表される、精神力動学的立場です。この立場では、過去のトラウマからの解放が目指されます。2つめが、行動療法・認知行動療法などに代表される、認知行動論的立場です。この立場では、トレーニングを介して、思考や行動の方法の転換が目指されます。3つめが、カール・ロジャーズのクライアント中心療法などに代表される、自己成長論的立場です。この立場では、当事者が自分自身を深く見つめなおし、みずから成長していくことが目指されます。本節ではこれから、自己成長論的立場におけるカウンセリングについて見ていきます。
　ロジャーズは、自分の考えるカウンセリングの意味について、次のように述べています。

このアプローチは、もしもカウンセラーが問題解決の手助けをするならば、これこれの結果が生じるだろうと期待するよりもむしろ、人間がより大きな自立と統合へ向かう方向を直接的にめざすものである。その焦点は、問題にではなく人にある。その目的は、ある特定の問題を解決することではなく、個人が現在の問題のみならず将来の問題に対しても、より統合された仕方で対処できるように、その個人が成長するのを援助することである。もしもその人が、より自立し、より責任をもち、より混乱せずに、そしてより全体的に、ある問題に対処できる統合性を獲得するならば、その人は新たな問題にも同様に対処できるであろう。（ロジャーズ, 2005a, p.32）

　次のことが重要です。私たちは通常、「ある特定の問題」に悩んでカウンセリングを受けているクライアントは、その問題が解決すれば一件落着だろう、と考えます。しかし、ロジャーズは、その問題を解決するという近視眼的なアプローチをとりません。そうではなく、クライアントが人間として成長することによって、今後直面するだろうどのような問題にも対処できるようにする、という未来を見越したアプローチをとっているのです。

7-2-2　傾聴

　〈カウンセリングマインド〉と軌を一にして、〈傾聴〉という言葉を耳にする機会もぐっと増えました。上述の諸富は、「『傾聴がまともにできない心理士やカウンセラー』が増えてきている」ことに警鐘を鳴らし、「ただ聴くだけ、というけれど、その、ただひたすら聴く、ということがどれだけたいへんなことか、簡単ではないこと

か、わかっているのでしょうか」(諸富, 2010, p.77)、と問いかけています。教育や福祉の現場では、子どもの声や思いを傾聴することが大切だとされています。傾聴は専門家にさえむずかしいとされるのであれば、傾聴とはどのような営みであるのかを、改めて学びなおす必要があるでしょう。

・ロジャーズの〈傾聴〉
　ロジャーズは、〈傾聴〉について次のように述べています。

　　… 治療的な関係をしばらくの間経験したクライアントの変化は、セラピストの態度を反映したものになっていく。まず初めに、クライアントは相手が自分の感情に受容的に傾聴していることに気づくにつれて、少しずつ自分自身に耳を傾けるようになっていく。彼は自分の中から伝えられるものを受け取り始める。《中略》自分の中で進行しつつあるものに対してより開かれるようになるにつれて、彼はいつも否認し抑圧してきた感情に耳を傾けることができるようになる。《中略》

　　自分を傾聴することを学習すると、彼は自分自身に対してより受容的になれる。自分が隠してきた恐ろしい部分をより多く表現するにつれて、彼はセラピストが自分や自分の感情に一貫した無条件の肯定的配慮を向けていることに気づくのである。彼は少しずつ自分に対して同じような態度をとるようになっていく。つまり、ありのままの自分を受容するようになり、そして生成のプロセスの中で前進しようとするのである。

　　さらに彼は、自分の中の感情をより正確に傾聴するようになり、自分に対して評価的でなくなり、より受容的になるにつれて、より自分自身へと一致する方向へと向かうようになる。彼は、自分

が身につけてきた仮面を脱ぎ捨て、防衛的な行動をやめ、そして本当のあるがままの姿に開かれるのを見出す。(ロジャーズ, 2005b, pp.62-63)

ここでは、カウンセラーによる傾聴を介して、クライアントがみずから成長をとげる3段階のプロセスが描かれています。

第1段階では、自分の感情を受容的に傾聴してくれるカウンセラーとの関係の中で、クライアントが、カウンセラーの態度を反映させていく、つまり、これまで認めることのできなかった自分自身の感情に耳を傾けられるようになっていくようすが描かれています。

第2段階では、第1段階で「自分を傾聴すること」を学んだクライアントが、自分へと無条件の肯定的配慮を向けているカウンセラーの態度をさらに反映させ、ありのままの自分を受け容れて歩みだすようすが描かれています。

第3段階では、「自分の中の感情をより正確に傾聴するように」なったクライアントが、本当のあるがままの姿へと開かれていくようすが描かれています。

私たちは通常、傾聴とは、他者の思いや言葉に耳を傾けることで、その他者を理解することだと考えています。しかし、ロジャーズの〈傾聴〉の本質は、クライアント自身が、自分自身の感情や思いへと耳を傾け、ありのままの自分を受け容れることにあります。相手への傾聴ではなく、〈自分自身への傾聴〉なのです。

・増井武士の〈聴くこと〉

臨床心理士の増井武士もまた、ロジャーズと同じく、患者自身の自己理解という観点から、面接において患者の言葉を〈聴くこと〉について述べています。

患者の言葉を聞くということは、患者のいいなりになるということではなく、その言葉をきっかけにして、患者の心をできるだけ正確に理解するために、まずその言葉を聞く必要があるのである。… それではなぜ患者の心は、できるだけ正確に理解される方が好ましいか。その大きな理由の一つとして、治療者の正確な患者への理解は患者自身の自己理解に通じ、患者自身が混乱していた心を僅かずつ「整理」できることにも通じることがあげられる。（増井, 2007, p.35）

続いて増井は、次のようにも述べています。

　面接の場で患者が自らの漠とした心について語る言葉から、治療者が患者のその漠とした心について聞く耳を通じて、患者が自らの漠とした心に問い合わせることができる「耳」が徐々に回復してくる… 患者が自らの言葉を通じて自分の心を聞けるようになるためには、いっときの間、治療者が患者の言葉を通じてより正確にその心が聞ける治療者の耳が、とりあえず必要であるということもできる。（同書, p.37）

　自分自身について混乱している状況にあるからこそ、患者は治療的な面接を必要としています。そこで治療者は、面接で患者の言葉を聴くことを介して、患者をできるだけ理解しようとします。というのは、治療者が患者を正確に理解することが、患者自身の自己理解につながるからです。増井はそのプロセスを、治療者の「聞く耳」を通じて、患者が自分の言葉をとおして自分の心を聞けるようになる「『耳』が徐々に回復してくる」、という独特の表現で語って

います。〈傾聴〉という言葉は使われていませんが、増井においても、傾聴の本質は、患者による〈自分自身への傾聴〉にあります。

7-3　傾聴のむずかしさと可能性

　〈自分自身への傾聴〉という観点は、一般的に広まっている傾聴の概念には含まれていないので、7-2では強調して語ってきました。他方、本節では、こうした〈自分自身への傾聴〉を導きだす〈相手への傾聴〉に立ち返り、傾聴のむずかしさと可能性について考えていきます。

7-3-1　傾聴は誰にでもできる？

　相手（クライアント・子ども・おとな）による〈自分自身への傾聴〉を導きだす傾聴に必要な専門性とは、どのようなものでしょうか。たとえば、「患者の言葉を通じてより正確にその心が聞ける治療者の耳」（傍点引用者）という増井の表現からは、傾聴にはかなりの専門性や熟練のわざが必要なことがうかがえます。ロジャーズにおいては、クライアントの〈自分自身への傾聴〉も、クライアントがあるがままの自分自身を受け容れるようになっていくことも、カウンセラーの態度を反映させることから生じています。とすると、カウンセラーのあり方によっては、クライアントがそれを反映させなかったり、反映した結果、自分への傾聴や自己受容がうまくいかなかったりする場合もある、と考えられます。だからこそ、諸富は、「カウンセリングの基礎である傾聴ができない、傾聴のトレーニングを本格的に受けたことがない、そういう方が多くなってきている

と思うのです」(諸富, 2010, p.77) と、傾聴がまともにできない専門家の増加に警鐘を鳴らしているのでしょう。

　上述したように、今日、教育や福祉の現場では、カウンセラーといった専門家でなくても、子どもや保護者の思いを〈傾聴〉する必要が指摘されています。実際に、そうした機会も増えていると思います。しかし、〈傾聴〉は誰にでもできる簡単な営みではないことを、私たちは肝に銘じておく必要があります。

7-3-2　カウンセラーの苦悩

　スクールカウンセラーや産業カウンセラーとして活動している大石英史は、専門家であるがゆえの苦悩を語っています。

　不登校になった小学生の娘をもつ母親への支援に際して、大石は、「しっくりこない感覚」を覚えます。大石は、娘が学校に行けないことに向き合えず、カウンセラーからの指示を受け身的に待っているだけの母親を叱咤激励したい気もちをもっています。しかしその反面、つらい状況にある母親を傷つけたくなくて「母親の思いを先取りして」動き、母親の依存を自分が強めていることもわかっています。「しっくりこない感覚」は、自分の中のこうした矛盾にある、と大石は省察し、次のように述べています。

> 　母親の思いを先取りして動く自分のことが気になったのである。カウンセラーに先取り的に動いてもらえる関係は、クライエントの自立を妨げる可能性がある。自分から言わなくても気もちを察して動いてくれるカウンセラーとの関係性は、クライエントにとってある意味心地よい。しかし、カウンセラーはいつも自分の気もちを的確に察してくれるとは限らない。その場合、クライエ

ントに不満が生じる。そのことを《中略》言葉にせずにいると、「カウンセラーはいつか察して動いてくれるはずだ」との思いこみが、クライエントを依存的なままにする。そして、カウンセラーのほうは、クライエントの無言の期待を読みとって動くことにエネルギーを費やすことになる。（大石, 2014, p.106）

　ここでも、カウンセラー（大石）が最終的に目指すのは、クライアント（母親）が、娘の不登校という事実や、それに伴う自分自身や娘の感情や思いに向き合って自立すること、つまり、自分自身への傾聴を介して自分で自分を受け容れることだといえます。母親が、自分で自分を受け容れられるようになれば、娘との関わりに対する答えも、おのずと見つかるはずだからです。にもかかわらず、大石は苦悩します。大石の苦悩は、母親の自立を望む一方で、先取り的に動くことで自分が母親の依存を強めてしまっている、という矛盾にあります。なぜこうした矛盾を抱えることになるのでしょうか。
　本章でここまで見てきたように、カウンセラーの役割とは、クライアント自身を正確に理解することです。鏡のようにクライアントのありのままの姿を映しだしたり（ロジャーズ）、クライアントが自分の言葉を聴けるようになる耳になったり（増井）することです。クライアントの〈あるべき正しい姿〉や〈向かうべき方向〉が見えていたとしても、手をとってそこへと教え導くのではなく、クライアントみずからが発見できるまで、カウンセラーは辛抱強く待ちつづける必要があります。
　他方、クライアントを叱咤激励したくなったり、クライアントの思いを先取りしたりすることは、カウンセラーが主導権をにぎって、〈あるべき正しい姿〉や〈向かうべき方向〉へと、クライアント教え導こうとすることです。母親を〈あるべき正しい姿〉へと教え導

きたいという思いと、母親が自分自身で発見することが自立なのだという思い、2つの相反する思いを自分が抱いていること。この矛盾に自覚的であるからこそ、大石は悩み、自問自答を続けます。自問自答を続ける中で、大石は、本項で引用した論考を、次の言葉で終えています。「『母親の課題』として捉えていることについて、もう一度、自分自身と向き合う必要があると考えている」（大石, 2014, p.108）、と。

大石のこの言葉からは、〈傾聴〉の本質が、相手への傾聴を行なう専門家の場合でも、自分自身への傾聴へと向かうクライエントの場合でも、自分の内なる感情や思いに耳を傾け、自己を受容するという形での自己理解にあることがわかります。カウンセラーが、クライアントへの傾聴を介して、自分自身の内なる声に耳を傾け、自己理解を深めつづけること。このことが、傾聴に必要な専門性を育むすべだといえます。

カウンセリングの基本的姿勢である〈傾聴〉の本質は、クライアント自身が自分自身へと傾聴できるようになり、あるがままの自分を受容することにあります。そうした〈傾聴〉を支えているのが、みずから自分自身へと傾聴し、自己理解を深めつづけているカウンセラーの専門性なのです。カウンセリング・傾聴というと、相手の言葉を聴いて相手を理解することだと考えがちです。しかし実際には、カウンセリングと傾聴においては、カウンセラーとクライエントが、互いに自分自身の内なる言葉に耳を傾け自分自身を理解する、そういう関係が成立しているのです。

第Ⅱ部では、雰囲気や空気による受動的な他者関係としてのいじめ、自閉スペクトラム症の当事者たちの〈ひとの気もちがわからない〉つらさ、カウンセリングにおける〈傾聴〉の本質といったこと

がらをとおして、私たちと他者との関わりについて見てきました。続く第Ⅲ部では、他者から自分自身へと目を向け、自己理解や自分自身との関わりについて考えることにします。

【注】
［1］日本臨床心理士資格認定協会ホームページ参照。
［2］スクールカウンセラー等活用事業平成25年度予算額（文部科学省）参照。
［3］学校心理士認定運営機構・日本学校心理士会ホームページ参照。
［4］NPO法人日本スクールソーシャルワーク協会ホームページ参照。

第Ⅲ部
自己をどう理解するの？

第8章 不登校 ── 語ることで自己をつくる

　第Ⅱ部では、他者をどのように理解するのか、そのむずかしさ、複雑さを考えてきました。その中で、他者を理解するときには、自分についての理解が基礎になっていることがわかりました。では私たちは、自分をどのように理解しているのでしょうか。そもそも、〈私〉に理解される〈私〉とは、どのようなものでしょうか。

8-1　不登校の基礎知識

　人間が自分について考えざるをえなくなるとき。それは、できて当然のことができなくなったときでしょう。できて当然のように見えるのに中にはできないひともいる、という教育問題の1つに、〈学校に行くこと〉があります。本章では、不登校の問題について考えます。

8-1-1　不登校の定義と該当者数の推移

　不登校は、長いあいだ、重要な教育問題になっています。図8-1を参照すると、平成13（2001）年をピークに、不登校児童の生徒数は若干の減少傾向にあります。が、これは主に少子化が原因で、不登校児童・生徒の割合を見ると、2001年以降も、依然として高い水準にとどまっていることがわかります。

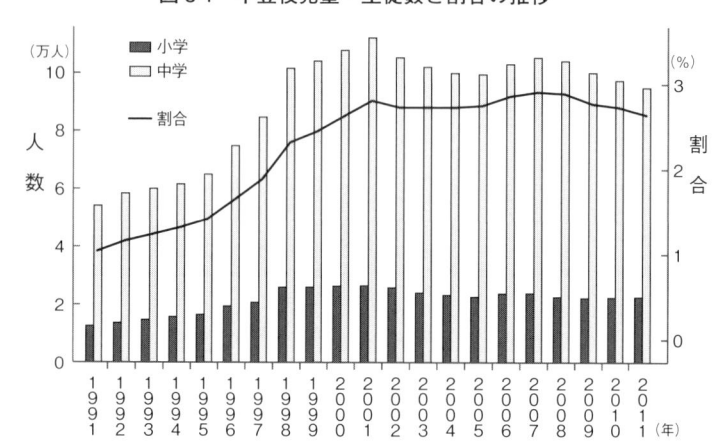

図 8-1　不登校児童・生徒数と割合の推移 [1]

文部科学省は、不登校を「何らかの心理的、情緒的、身体的あるいは社会的要因・背景により、登校しない、あるいはしたくともできない状況にあるため年間30日以上欠席した者のうち、病気や経済的な理由による者を除いたもの」と定義づけています。上のグラフは、この定義に相当する子どもの数です。ですから、この数字の中には、年間29日の欠席者や、心理的な要因があるとしても病院で何らかの精神疾患と診断されたようなケースは含めません。つまり、統計上はカウントされていないけれども実質的に不登校状況にある子どもの数はもっと多い、と考えられます。

8-1-2　不登校に関する法律的な問題

日本の義務教育は、日本国憲法第26条で、次のように規定されています。

① すべて国民は、法律の定めるところにより、その能力に応じて、ひとしく教育を受ける権利を有する。② すべて国民は、法律の定めるところにより、その保護する子女に普通教育を受けさせる義務を負ふ。義務教育は、これを無償とする。

　憲法で定められているように、子どもたちは教育を受ける権利をもっており、保護者は子どもに教育を受けさせる義務を負っています。つまり、義務教育の期間であっても、子どもが学校に行きたくないのであれば、行かないからといって罰せられるわけではありません。しかし、子どもが行きたがっているにもかかわらず、子どもを働かせるなどの理由から学校に通わせなければ、保護者が罰されることになります。

8-1-3　不登校をどう捉えるか

　1980年代に不登校が世に知られるようになったとき、これは、まだまだ一部の珍しい現象と捉えられていました。つまり、不登校というのは、子育ての失敗や、教師との相性の悪さなど、特別な事情が重なった結果として起きる、特異例だと考えられていたのです。

　しかし1990年代、不登校者数は7万人を越えてなお増加傾向を見せていました。不登校者に強い登校刺激を与えると、かえって事態が悪化してしまうケースがあることも知られるようになってきました。こうした中で、文部科学省は1992年、「登校拒否（不登校）問題について（報告）」で、「登校拒否はどの児童生徒にも起こりうるものであるという視点に立ってこの問題を捉えていく必要がある」という指針を打ちだします。

　文部科学省は2003年に発表した「不登校への対応の在り方につ

いて」では、不登校への対応について、若干トーンを変更しています。いわく、「不登校という状況が継続すること自体は、本人の進路や社会的自立のために望ましいことではなく、その対策を検討する重要性について認識を持つ必要がある」。つまり、不登校は当人の人生にとって望ましくないので、学校はきちんと対策をとるように、という指示が加えられているのです。

8-1-4　不登校者の進路とひきこもり

　上で見たように、文部科学省は、不登校を、本人の進路や社会的自立のために望ましいことではないとみなしています。では、不登校を経験した子どもたちは、その後どのような進路を送るのでしょうか。

　表8-1を見てみましょう [2]。一般群に比べて、不登校経験者は、明らかに高校進学率が低く、就学も就業もしない率が高いことがわかります。

　もちろん、進学率が低いことは必ずしも問題ではありません。問題視されているのは、進学も就職もしないニート [3] や、その中に含まれると考えられるひきこもりなど、社会的な自立がうまくいかないケースが少なくないことです。

　では、不登校の結果として心配される〈ひきこもり〉とは、どのような状態でしょうか。厚生労働省は、「自宅にひきこもって学校や会社に行かず、家族以外との親密な対人関係がない状態が6ヶ月以上続いており統合失調症やうつ病などの精神障害が第一の原因とは考えにくいもの」をひきこもりの定義としています。ひきこもりの数は推定でしか出せませんが、内閣府の調べによると、次のような数のひとびとが、ひきこもり状態にあると考えられます（表8-2）。

表 8-1　15 歳以降の進路と高校進学率

進　路		不登校経験者	一般群
高校等への進学率	全体	65.1%	96.9%
	うち卒業・修了	39.3%	88%
	うち中退	25.8%	2.5%
就業率		28%	1%
就学も就業もしない割合		13%	2.1%

表 8-2　ひきこもりの数 [4]

ひきこもりの種類	具体的状態	推計数
狭義のひきこもり	普段は家にいるが自分の趣味に関する用事のときだけ外出する、近所のコンビニなどには出かける	15.3 万人
	自室からは出るが家からは出ない	3.5 万人
	自室からほとんど出ない	4.7 万人
準ひきこもり	普段は家にいるが自分の趣味に関する幼児のときだけ外出する	46 万人
広義のひきこもり		69.6 万人

　推計70万人の人びとが〈ひきこもり〉状態にあるという事態に対し、国としてもさまざまな策を講じています。たとえば2009年に始まった、厚生労働省のひきこもり対策推進事業では、各自治体にひきこもり地域支援センターという相談窓口を設けています。

8-2 ナラティヴ・アプローチ

　不登校になると、本人や周りは、一体なぜこのようなことが起きたのだろう、と自問を始めます。明確な答えの出ないこの問いを通じて、ひとは、自分という人間のあり方をさぐっていくのでしょう。このように、自分自身に問い、自分自身で語るというやり方で自己理解を進めていく方法を、ナラティヴ・アプローチといいます。

8-2-1　セオリーとナラティヴ

　何か問題が起きると、その状況や原因について、〈客観的な立場〉から語られることがよくあります。たとえば「いじめなどの原因によって引き起こされる不登校は、一時的には容認すべきだとしても、本人のためにも、なるべく早い登校復帰が望ましい」という見方は、文部科学省をはじめとした多くの教育機関の立場から見た、一般的な説明と考えられます。ナラティヴ・アプローチにならって、このように語られるものを「セオリー」と呼びましょう（野口, 2005, p.6）。他方、たとえば、「知り合いにいじめを受けて不登校になったひとがいる、きのどくだ」といった個人的で主観的な語りは、「ナラティヴ」と呼ぶことができます（同頁）。

　主観的な語り（ナラティヴ）と客観的な説明（セオリー）とが区別されるという私たちの感覚は、個々人の立場から切り離された客観的な、物事や出来事の因果関係や筋書き（セオリー）がこの世にはあるはずだ、という私たちの暗黙の前提を表しています。しかし、出来事は本当に、客観的で正しい説明をすることができるのでしょ

うか。

8-2-2　特定の立場からの物語とドミナント・ストーリー

　この問いに対するナラティヴ・アプローチの指摘は2点です。1点目、第Ⅰ部で見たように、同じ出来事に対しても、私たちが感じたり考えたりする仕方はさまざまです。2点目、そして私たちは、ある出来事に対して、あらゆる私的立場を取り除いた完全に客観的な立場で臨む、ということはできません。くり返しを避け、ここでは、2点目についてのみ述べておきましょう。

　たとえば〈不登校〉について、不登校の者は、当事者として考えるでしょう。不登校者を抱えるクラスの先生は、その立場からこの問題を悩むでしょう。他方、不登校になったことも周りにいたこともないひとは、客観的にこの問題に臨むのでしょうか。そうではなく、不登校になったことも身近にそのようなひとがいたこともない、という特定の個人的立場から、この問題に臨むのです。文部科学省をはじめとする諸機関には、それぞれの考え、思惑があります。これらの判断は、おおやけのものであるという点で〈公的〉ではありますが、実際には〈客観的〉なものではないのです（そのため、前ページでは、〈客観的な立場〉というかっこづけをしてきました）。

　しかし、通常私たちは、ナラティヴは主観的で不確かなもの、これに対しセオリーは客観的で正しいもの、と理解しています。ある出来事を理解するうえで、客観的で妥当なものだとして受け容れられるような語りは、〈ドミナント・ストーリー（支配的・優勢的な物語）〉と呼ぶことができます。多くの場合、セオリーが、何かの出来事を理解するうえでのドミナント・ストーリーとされてきました。

　けれども、ストーリー、つまり〈物語〉という以上、これは、客

観的に存在するものではありません。ある特定の立場から〈語られる〉ものでしかないのです。私たちが誰も、物事を俯瞰するような客観的な立場から語ることはできず、またひとはそれぞれの考え方によって体験するものが異なります。ですから、よのなかで共有されるドミナント・ストーリーとは別のところに、それぞれのひとにとってのそれぞれの物語があるはずです。しかしながら、ドミナント・ストーリーができあがると、私たちはそれとは異なる物語を語ることがむずかしくなります。その結果、ひっそりと、〈個人的に感じること〉としてしか、自分の体験を語りにくくなっていきます。

8-2-3　語ることが自己をつくる

　たとえば、不登校になると、なぜ学校に行けないのか、本人や家族は悩みつづけます。教育学者は、いじめや低学力、学校不適応などそれらしい因果関係や背景を説明するでしょう。けれど、本人や家族が追い求めるのは、一体なぜ学校に行けないのは、他のクラスメートではなく自分（の家族）なのか、という答えのない問いです。不登校の娘をもつ高野京子は、次のように語ります。

　　不登校の子どもとどう理解して受け入れたらいいのか ── 共感することとか、受容するとかってよくいわれるんですけど、言葉では理解できても、実際の場面で受容と共感って日々悪戦苦闘なんです。
　　朝起きてこない子を、いつ起こそうかって考えるワケですよ。「起きなさい」っていうことは簡単なんですけど、そうするとすごく不機嫌になるんです。《中略》じゃあ起こさないでいると、自分がつらくなってくるんですね。罪悪感が出てくるんです。他の子

どもたちは学校に行って勉強しているのに、ウチはなんでこんな状態なのかなって …。(高野, 2001, pp.125-126)

　答えを求めて悩み、語る中で、やがて高野は、不登校児の親の会〈麦の会〉を発足させます。同じ立場の親同士が語り合うことで、新しい答えを見つけていくことができると気づきます。このように、語ることでひとは、できごとが自分自身や重要な他者にとってもつ意味を、個人的なナラティヴとして整理するのです。こうした作業は、自分をとりまく出来事の「他者によって『ストーリー』されている彼らの物語が充分に彼らの生きられた経験を表していない」と感じるひとびとによる、物語の書き換え（ホワイト＆エプソン, 1992, p.34）といえます。

　物語の書き換えは、どのようにして可能になるのでしょうか。ここには、言葉のもつ大きな力が秘められています。というのも、言葉は、単に私たちの内面を外に表出させてくれるだけでなく、語ることそのものによって、物事を新たな仕方で理解させてくれるものだからです。たとえば暗がりの中でぼんやりと見える白っぽい物体は、「これはブラシだ」と言葉にされたとたんに、指でつかむ柄の硬さやにぎりやすさや、髪の毛をなめらかに滑り落ちる櫛の一本一本のすみずみまでわかるようになります（メルロ・ポンティ, 1967, p.292）。言葉にすることは、曖昧だった私たちの認識を明確にしてくれるのです。

　ですから、私たちは、夢中になって語っているときに思わず出た言葉が、自分でも気づいていなかった自分の本当の気もちだった、という経験をすることがあります。これは、語るまえには、自分自身の中にも確立していなかった気もちや考えです。「言葉は、言葉を語る者にとって、《中略》〔思考を〕完成する」ものなのです（同書,

p.293)。何かに直面したとき、なぜこのようなことが自分の身にふりかかるのか、答えのないままに語りつづけるうちに、私たちは、その言語化の過程で、曖昧だった自分の想いを完成させ、自分の人生の意味を見いだしていくのでしょう。

8-3　不登校のナラティヴ

8-3-1　不登校者自身の語り

　不登校の当事者は、不登校についてどのように語るのでしょうか。
　ひなぎくさんは中学二年生の女の子、ブログの中で、自分の不登校経験を見つめていきます[5]。ここには、語る中で、自分はなぜ不登校になったのか、思考を生みだし、自分自身を生みだしていくひなぎくさんの姿が見られます。

> 2013年10月23日（水）
> 　まあ腹痛頭痛などがあって理由は疲れ、行事ごとなどが重なったからとかいうことに一応学校側の解釈は落ち着きました。しかし私は納得いかないわけです。行きたくないのに理由なく、それが気に入らなかったわけです。
> 　1年してやっと、まあ理由は私にはわからないし、どんな本にも載っていない。私はこうなった。ただなるようになったのだ。もし理由がわかるときがきたら自然にわかるだろうから今のとこはわからないということにしておこう。という結論に今のとこ落ち着いているわけです。

2013年11月04日（月）

　私は前学校に行っていたとき、なぜ行けていたのかというと、人のために学校に行ったからだ。友達、先生、親、etc …。心配させないように、私のために用意されたそこには必ず行かなくてはいけないのです。

　しかし私は疲れてふと私をポケットから取り出したときに私は学校にものすごく行きたくなかったのであった。こいつは学校が大嫌いだと泣き叫ぶので私はこいつを持て余したわけです。乱雑にその辺に転がしておいたが、ついて回っていつも話しかける。しかしこいつは1年経ったらすこーし言うことを聞くくらい気が済んだのか今日も私の背中にひっついている。

　そいつのせいで不登校、っていうことになってるけど、そいつは私だからね。じゃあ、この私は疲れてという私はいったい誰かということです。

2013年11月11日（月）

　確かに〔不登校を〕選んだとすれば落ち着くかもね。親だってやっぱりそうだよ。たしか私にもその要素は否めないよ。

　人と違う道を選んだとか、大層な話じゃないと思う。《中略》

　だから中学も高校も大学も行きたきゃ行きます。気分が変わることは普通のことだもの。

　ひなぎくは、普通じゃない不登校かもしれないけど、普通の子供です。

　こんなことを選んでするほど（学校行ける、行ってもいいと思ってるのに行かない）リスクを冒す気は在りません。

　人当たりは最悪、お先は真っ暗じゃないがグレー目、コミュニケーションがああだ、ニートがどうだと暗に脅されて、挙句の果

てに暗に病院のすゝめ、ツライに決まっているでしょう。
　《中略》不登校、選んだわけじゃないのよね。

2013年11月20日（水）
　明るい不登校。そしてその分類にわたしが入ってしまうこともわかります。
「だって普通に家族と話してるしひきこもりじゃないし勉強もするし外にも出られるから。」
　まあ…不登校って暗いイメージなのはしかたないかもしれませんが…。そして明るい不登校を持ち上げなくてもいいし…。かといって非行だ怠慢だとか貶すのもやめてほしいし…。《中略》
　明るいと言って学校行けるよと言いたいのか、分類して解決策を示したいのかなんなのかは知りませんが、不登校が暗くあれとも明るくあれとも暗くも明るくもなく普通であれとも誰も言っていないのですから。
　ちなみに私は自分のことを個人的には暗くも明るくもなく普通だと思っています。
　だから毎日いろんな気分です。普通に情緒は不安定です。でも普通です。
　なんか難しい教育の話は知らないけど、個人的にそう思います。私みたいな奴はきっと学校側から見たら始末が悪そうですね。

　14歳のみずみずしく繊細な言葉が、一体なぜ自分は不登校になってしまったのだろうという問いと、周囲から押しつけられる答えへの強い忌避感とを語りだしていきます。そしてこうした言葉をとおして、自分は周りから見ると「始末が悪い」かもしれないが、本当は「普通」なんだ、という自分自身をみずから見いだし、つく

りあげていくのでしょう。

8-3-2　非不登校者は何を語るのか

　不登校者やその周りにいるひとびとの語りを見てくると、次のような疑問が湧いてきます。状況によっては誰でもなりえるはずの不登校に、偶然にもならなかった非不登校者は、何を語るのだろうかと。不登校者の多くが語らざるをえないのは、ドミナント・ストーリーでは自分の体験が十分に理解されないからです。では、非不登校者はどうなのでしょう。

　多くの場合、学校に行く・行かないという点について悩まずに過ごせる非不登校者は、ドミナント・ストーリーになぞらえて自分や物事を理解することに、苦痛を感じません。しかしそれは、他でもない自分自身の物語ではありません。学校に行くということについて、非不登校者は何を語りえるのでしょうか。本当に語り始めたときに、私たちは、どのように物語を書き換えていくのでしょうか。

　〈なぜ私は学校に行くのか〉、〈なぜ私は学校に行けるのか〉。本当は、この語りから、非不登校者にとっての〈不登校理解〉が始まるはずなのです。

【注】

[1] 文部科学省（2012）「児童生徒の問題行動等生徒指導上の諸問題に関する調査」の結果をもとに筆者が作成しました。

[2] 文部科学省（2001）「不登校に関する実態調査（平成五年度不登校生徒追跡調査報告書）」（座長森田洋司）のＢ調査をもとに筆者が作成しています。これは、平成五年度に「学校ぎらい」を理由に年間30日以上欠席し中学校を卒業した者のうち、本人の承諾を得た1393名（有効回収率42.1％）への郵送によるアンケート調査です。なお、不登校経験者の「進学率」と「就業率」と「就学も就業もしない割合」の総和が100％を越えるのは、パートやアルバイトなどで就業しながら高校に通う者がいるからだと考えられます。

[3] 日本では、15～34歳の非労働力人口の中から学生と専業主婦を除き、求職活動に到っていない者を統計上のニートとして算出しています。

[4] 内閣府（2013）「若者の意識に関する調査（ひきこもりに関する実態調査）」をもとに筆者が作成しました。

[5] この語りは、ブログ「赤い雛菊は不登校」http://ameblo.jp/akaihinagiku/ より一部を引用しています。なお、ブログでは、ブロガー自身によって、多くの改行や余白が設けられています。これらはブロガーの思いを雄弁に語るものですが、本書では、紙幅の都合上、文字や字間を詰めて引用しています。

第9章 非行 ── 自分をふり返り反省する

　第8章では、自分自身に問い、語ることで、自分自身を理解していく私たちのあり方について考察しました。自分自身に問いかけることには、他にどのような作用があるのでしょうか。本章では、自分自身を反省するという行為について考えてみたいと思います。

9-1　非行についての基礎知識

　自分自身を反省しなくてはならないのは、たとえば、間違いを犯してしまったときです。本章では、若いときに犯してしまう過ち、非行について考えてみましょう。

9-1-1　非行の定義

　1997年に起きた神戸連続殺傷事件を皮切りに、18歳未満の子どもの起こした凶悪犯罪が、社会の大きな話題を呼んだ時期がありました。2000年代には、少年犯罪の増加と凶悪化、非行の低年齢化などが、よく語られたものです。その後、こうした議論の多くが統計的な事実に反していることも指摘されるようになりましたが、子どもが加害側の立場になったときの問題のむずかしさや複雑さは、変わることなく残っています。

　加害者の立場となって問題を起こしてしまう20歳未満の子ども

のことを、〈非行少年〉と呼びます[1]。警察や関係機関の扱う非行と、学校などの教育機関の扱う非行とで、内容や対処の方針には若干の違いがあります。

警察庁の取り扱う事項としての非行少年は、「① 犯罪少年、② 触法少年、③ 虞犯少年」の3種類と定義されています（少年法第3条1項）。犯罪少年とは、罪を犯した14歳以上20歳未満の少年のこと、触法少年とは、刑罰法令に触れる行為をした14歳未満の少年のことをさします。虞犯少年とは、家出などで保護者の十分な配慮、監督を離れていたり、売春や薬物依存などの犯罪に巻きこまれやすい状況にあったり、本人もその犯罪に加担しがちな傾向にある少年のことをさします。

〈非行〉とは認定されないけれども、教育上問題となる暴力行為として、校内暴力や学校内の器物損壊、いじめなどがあります。長いあいだ日本では、学校内の問題に警察や司法が介入することはあまり多くありませんでした。学校が警察と連携する際には、非行予防の観点からの取り組みが主でした。しかし、2012年に起きた大津のいじめ事件など、近年は、警察や司法が介入し連携するケースも増えてきています。

9-1-2　非行件数の推移

まずは警察庁の取り扱う非行について確認しておきましょう。次の図9-1は、少年の刑法犯の検挙人員数と、そのうちの殺人の推移を表しています。

折れ線グラフを見ると、非行には大きく3つの波があることがわかります。第1の波は、戦後混乱期。この時期には戦災孤児への福祉が十分でないなどの理由から、生きぬくためにやむをえない非行

図 9-1 少年法の刑法犯・検挙人員数とそのうちの殺人の推移 [2]

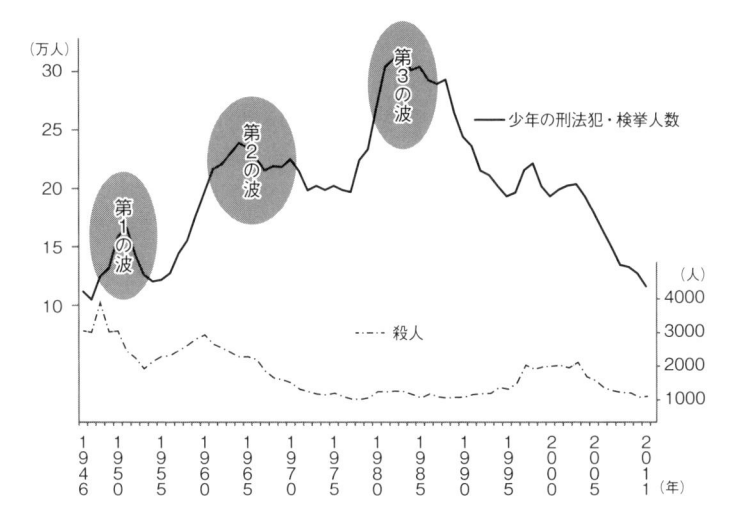

が中心だったといわれています。第2の波は、高度経済成長期に生じています。学生運動 [3] が盛んだったこの時期には、ときには死者を出すような暴力行為がひんぱんに生じ、逮捕者がたくさん出ました。第3の波は、1980年代で、〈校内暴力〉という言葉が使われるようになった時期です。万引きなど、〈初発型〉と呼ばれる非行が多くを占めたこと、第1、第2の非行の波のような経済的事情も思想的運動もなかったことから、〈遊び型非行〉と呼ばれることの多い非行です [4]。3つの波の1981年をピークに、非行件数は減少傾向にあります。

ここで、第2章でとりあげた、〈認知件数〉と〈発生件数〉との関係を確認しておきましょう（本書33ページ）。万引きなどは被害者が泣き寝入りすることも多く、認知件数と発生件数には大きな差があるといわれています。他方、認知率が高いのは、殺人、強盗などの重要犯罪です。そこで、図9-1のグラフを見ておきましょう。

グラフからは、殺人という凶悪犯罪が減少傾向にあることがわかります。つまり、少年犯罪そのものが、大幅に減少しつつあるといえます。ちなみに、近年増加傾向にあるのは横領、実態は自転車窃盗などです。万引きや自転車窃盗など、〈軽い〉非行が多いのが、近年の非行の特徴といえるでしょう。

9-1-3　非行への対応

　少年の非行行動に対して、社会全体としては、厳しく対処しようという流れがあります。
　原則として、非行少年に対する処遇は、加害行為そのものへの処罰ではなく、加害行為をしてしまった少年自身の保護、更生の観点から定められます。ですから、その処遇をとり扱うのは、家庭裁判所になります。子どもはまだまだ発達途上であり、自分の犯した問題に対する判断力を十分には有していないと考えられること、これから更生していく可能性があることがその理由です。そのため、1948年に制定された少年法では、16歳未満の凶悪犯罪は、刑法上の罪を問われませんでした。
　しかし、被害者側には、加害した人間に対してどのような処遇がなされたのか一切知らされないことは理不尽ではないか、といった議論がなされました。また、15歳の子どもには、殺人や強盗を悪だと判断する力が十分にあるはずだ、といった議論もあり、2001年に、少年法が改正されました。改正のポイントは、少年犯罪の厳罰化、少年審判の事実認定の適正化、被害者への配慮の3点です。少年法の改正により、未成年であっても刑法上の対象とされ、検察による取り調べを受けるケースが増えています。
　とはいえ、検察による取り調べを受けるケースであっても、加害

少年の保護、更生を基本理念とすることには変わりはありません。たとえば少年院に入ると、子どもたちは、規則正しい生活を送り、さまざまな作業に取り組みます。院内で取れる資格を取得することも奨励されます[5]。

学校での問題行為も、基本的には同じです。問題を起こした子どもに対して、処罰を下すのではなく、反省をうながすことが重要になります。ですから、生徒指導提要[6]では、「問題行動を起こした児童生徒への指導のねらいは、自らの行動を反省し今後の将来に希望や目標を持ち、より充実した学校生活を送ることができるようにすること」だとされています。またその具体的な指導方法として、〈反省指導〉の実施があるのです。

2000年以降の少年犯罪厳罰化の傾向も、本質的に同じ問題といえます。「まだ刑法上の罪に問われない年齢だから」と犯罪動機を語る少年がいたことが、厳罰化に拍車をかけたといわれています。加害行為自体も問題になりますが、その加害者が自分のしたことを十分に反省しないことが、大きな問題となるのです。

9-2　反省とはどのようなことか

非行少年に対しては、矯正、更生のためにも、本人が自分の犯した過ちを理解し、反省することが重要になります。しかし、反省するということは、実はとても奥深いことです。第2節では、反省のむずかしさ、奥深さについて考えてみたいと思います。

9-2-1 思い出すことを可能にするもの
── 自己についての半透明の意識

　過去をふり返って、悪かったと反省する。そのためには、過去を思い出すことが必要になります。あたりまえのことのように見えて、これは実は低年齢の子どもにはむずかしいことです。幼い子どもに、「いま何してたの？」と聞いても、うまく答えられないことがよくあります。これは言葉が未熟なだけでなく、自分が何かをしているときに、そういう自分を、いわば無意識のうちに自覚するような力がまだ弱いからなのです。

　ここで、私たちが何かを見たり、考えたり、自分について無意識のうちに自覚したりするような、さまざまなはたらきのすべてを、〈意識〉という言葉で表すことにしましょう。ここでは、〈意識する〉という動詞は、何かを感じたり考えたりするはたらきすべてを意味します。一定の年齢以上になった私たちが過去を思い出すことができるのは、そもそも、何かをしている自分自身について、はっきりとではなく、なんとなく意識しているからです。たとえば私たちは、何かモノを見ているときに、〈自分はいま、しかじかのモノを見ている〉などとはっきり意識したりしません。私の意識がはっきりと捉えているのは、見ているそのモノそのものです。けれど、「何をしてたの？」と尋ねられれば、すぐに「あれを見ていたんだよ」と答えられます。ということは、私はあれを見ているんだな、と最初からずっと、それとなく、自覚があったことになります。自分のことを意識しているなどという意識はまったくないけれど、後から聞かれれば、事後的にふり返ることができるように、自分自身についてそれとなく気づき、意識している。これが私たちの意識の

図 9-2 意識の半透明性

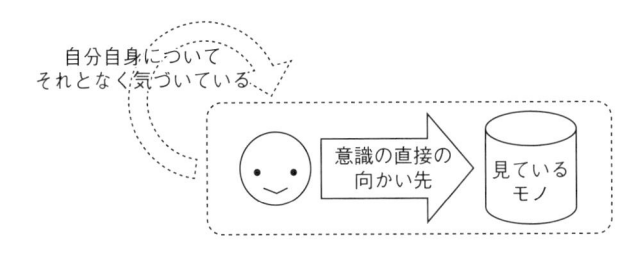

仕組みです。

　現象学者のジャン・ポール・サルトルは、私たちの意識のこのような性質を、「半透明」と比喩しています（サルトル, 1999, p.113）。私たちは見ているモノを意識しているときに、同時に、それを意識している自分自身をも意識しています。ただし、2つの意識は種類が違います。モノは、私が直接、はっきりと意識しているものです。それに対し、自分自身のことは、はっきりとは意識しているのではなく、半透明の膜をとおしたかのようにそれとなく、という形で気づいています。

　この意識は、図9-2にあるように、自分にもう一度戻ってくる意識です。見ているものへとまっすぐ向かう意識が実線で表されるとしたら、自分について戻ってくる半透明の意識は、点線で表されるといえるでしょう。

9-2-2　反省の無限ループ

　さて、過去の自分をふり返って、悪かったと反省するということは、どういうことでしょうか。何か悪いことをしていた当時の私は、そのような悪いことをしている自分について、それとなくしか意識

していません。たとえば万引きをしているときには、盗もうとしているものに夢中になっていますから、自分が悪いことをしていると、薄々は（半透明的には）気づいていても、はっきりとは意識していません。他方、いざ過去をふり返るときには、悪いことをしていた自分自身について、はっきりと意識することになります。

ところで、私たちは加害者に、どのような反省を求めているのでしょうか。甘い反省、中途半端な反省、部分的な反省ではだめだ、自分の何が悪かったのか十分に理解し、100％悔いるような反省を求めているでしょう。しかも、「反省ちゃんとしたんだ、だからもういいだろう」というような開き直りでは許せません。いつまでも反省を忘れないときに初めて、「ああ、本当に反省しているんだな」と感じるはずです。

このことは、反省する加害者の人間にもわかっているはずです。本当に反省するときには、相手に許してもらおうとか、この程度謝っておけばよいだろう、という考えではだめなのです。

ここで、人間の意識に特有の動きが生まれます。さきほど説明したように、人間の意識は、何かをしている自己自身をもそれとなく意識しています。ですから、過去の過ちを悔い、自分自身を深く反省しているとき（図9-3の矢印「反省」）にも、そのように反省している自分自身についても同時に、それとなく私たちは意識していることになります。すると、たとえば「ごめんなさい」と謝ったときに、深く反省していればしているほど、「自分は反省したつもりになっているけど、そのこと自体が、本当は反省していないっていうことなんじゃないか？」といった疑問が湧いてきます（図9-3の矢印①）。ところが、そのような思いを抱いている自分についても、私たちはそれとなく気づいてしまいますから、「そういうふうに、まだ反省が足りないって思っていること自体が偽善的で、やっぱり

図9-3 反省の無限ループ

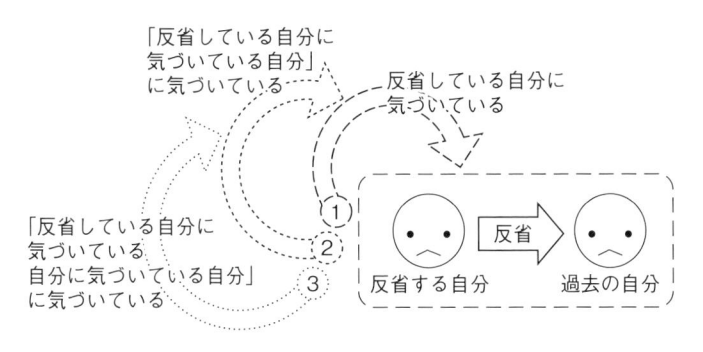

「反省している自分に気づいている自分」に気づいている

反省している自分に気づいている

「反省している自分に気づいている自分に気づいている自分」に気づいている

① ② ③

反省する自分 →反省→ 過去の自分

本当には反省していないんだ。自分には謝れば許してもらえるっていう甘えがどこかにあるんじゃないだろうか」という気もちが今度は湧いてきてしまいます（図9-3の矢印②）。さらに、そのような自分にも気づいてしまうため、「甘えがあるって自分を戒めていること自体が、偽善的なことなんじゃないだろうか、やっぱり自分はまだ反省していないんだ」といった思いが湧いてくることもあるでしょう（図9-3の矢印③）。

　私たちは、反省している自分自身についてそれとなく意識している自分自身をも、それとなく意識しています。ですから〈反省している自分を意識している自分〉をふり返ることができ、その中に自分の偽善や欺瞞(ぎまん)を見いだしてしまいます。すると、〈十分に反省した〉と思うことは、私たちには不可能になります。反省すればするほど、〈私はまだ反省の足りない人間なのだ〉と感じることになり、反省の無限ループに陥ることになるのです。

9-3　希望につなげる反省は可能か

9-3-1　反省指導において起きること

　さほど深く反省していなければ、本当にこんな反省で十分なのだろうか、まだ足りないのでは、といった無限ループには陥りません。ですがそもそも深く反省していないのですから、当然反省し尽くせていません。他方、反省をすればするほど、自分の反省は足りないのではないかと感じ、反省しつづけることになります。この反省の無限ループがあるならば、私たちにとって、反省し尽くすこと、100％反省することなどは、原理的に無理だということになります。100％でないからこそ、反省しつづけなければならないのですから。

　さて、そうなると、生徒指導堤要に書かれた「自らの行動を反省し今後の将来に希望や目標を持ち、より充実した学校生活を送ることができるようにすること」という、問題行動を起こす子どもへのねらいは、矛盾していることにならないでしょうか。みずからの行動を反省することは、反省しつづけることであり、反省し足りないとさらに反省することです。このループに陥っているかぎり、将来に希望や目標をもつことはできなくなります。

　問題行動を見つけたおとなは、それが教育的な場面での親や教師であれ、司法場面での裁判官や弁護士や保護観察官であれ、子どもの反省を求めるはずです。たとえば学校では、反省文を書かせることがあります。反省文の言葉ひとつひとつに現れる、そのひとの思いや後悔から、そのひとがどれだけ反省しているかを推し量るのです。

ところが、問題行動を起こした本人は、本来的な反省をすればするほど、自分の書く言葉をウソっぽく感じることになります。いやむしろ、自分の反省にウソっぽさを感じるのでなければ、本来の反省とはいえないことになります。なぜならば、反省文を書いている自分をそれとなく意識できる人間は、たとえば、相手の納得するような反省文を書こうとか、反省文を書くから早く許してほしいとか、そんな「自分が悪い」と告白する際に去来する別のさまざまな思いにも、気づいてしまうからです。すると、本当に反省しているひとは、完全に反省の思いを言葉にし文章で表すことなどできなくなってしまうのです。

9-3-2　反省の絶望を超えて

　反省すればするほど、十分に反省していない自分を強く感じ、苦悩することになる。それこそ反省に必要なことだとしても、これは大変苦しいことでもあります。
　たとえば、ある17歳の少年は、万引きをくり返し、店に100万円を越える損害を与えてしまいました。この少年は、あどけない表情でひとなつっこくにこにこ笑う、気もちの良い少年に見えました。しかし、母親が病気がちで家庭で淋しい思いをしていた彼は、万引きをして得たモノを友だちにあげることで、友人関係を保っていたのです。金額が大きいとはいえ初発型の非行であるこの事例では、彼をけしかけとりまく友だち集団からこの少年を引き離して保護監察下におくと同時に、家庭の中で味わっていた淋しさを癒し、人間関係を回復しながら自分自身のした行為を反省できるようにと支援していくことになりました。
　そこでこの少年は、地元の友だち集団を離れ、疑似家庭的な児童

福祉施設で保護されることになりました。こうした措置が決まったのは、彼が家庭裁判所で示した、「自分が悪かった、絶対に万引きの被害者にお金を返す」、という約束があったからです。ところが、彼は、この約束をなかなか果たすことができませんでした。自分が傷つけてしまったひとのもとに行って、謝罪し、弁償することは、勇気のいることです。いまは返せなくてもいつか返す気もちはあるからそのときに謝りにいけばいい、と自分に対して言い訳をして先延ばしにすることだってできてしまいます。そんな思いを振り切って謝罪に行くことは、とても苦しいことです。

　反省しているからこそ謝りに行かなくてはならない、でも謝りに行くと「謝れば許されると思っているのだろう」と思われてしまうかもしれない。半透明の意識のそんな揺れうごきの中で、自分自身と向き合わなければいけないけれども向き合えずにいるつらい時間を過ごしていたこの少年は、最後には、施設を逃げ出して自殺未遂を起こし、警察に保護されることになってしまいました[7]。

　発達途上の子どもだからこそ、自分自身を見つめて更生する可能性がある。そう信じて、子どもの保護・更生を目指す、非行や問題行動への処遇は、実は、子どもにとてもつらいことを強いることでもあるのです。そのようなつらい思いの先にしか、被害者の味わったつらさを理解し、自分の罪深さを自覚することはできません。ですからそのような反省の先に、本当に希望を見いだせるかどうかは、教育者にとっても、マニュアルなどなく一筋縄ではいかないむずかしい技のはずです。万引きの少年が味わったような、反省に伴う深い絶望へと、そしてそれでもその絶望を乗りこえていく力[8]へと同時に導いていく。今日の非行少年を支えるのは、そのような熟練者の妙技ともいえるかもしれません。

【注】

[1] 少年法上の「少年」は、20歳未満の男性、女性の両方をさします。

[2] 法務省『平成24年度犯罪白書』をもとに筆者が作成しました。

[3] 学生運動とは、大学生や高校生が行なう社会的活動のことで、1960年代には、日米安全保障条約締結に反対する若者たちが大きな運動を展開し、多くの逮捕者を出すなど、社会現象となりました。

[4] 〈初発型〉や〈遊び〉の非行といわれる万引きですが、被害者にとっては重大な問題であることを忘れてはいけません。たとえば書店で1000円の本が万引きされると、その損失をカバーするために10万円以上の売り上げが必要になります。年間平均500店（全体の約3％）という書店閉店の要因のひとつに万引きがあるといわれています。

[5] 一度非行に走った子どもはいつまでも社会不適応をくり返す、といったよくあるイメージとは異なり、加藤（2004）によれば、多くは、一過性の「パートタイム・アウトロー」として非行を体験しますが、やがて一定年齢とともに非行を卒業し、しっかりとした労働者となっていくことが多いといわれています。

[6] 生徒指導堤要とは、2010年に文部科学省が発表した、生徒指導の基本方針のこと。以下の内容は、その第6章Ⅱに述べられていることです。

[7] 遠藤はこの少年が養育者の働きかけを受けてどのように自分をふり返り、反省していくか、その際に彼がこうむったつらさはどのようなものなのか、詳しいプロセスを明らかにしています（遠藤, 2009, 第3章第2節）。

[8] このように、絶望してもそれを乗りこえていく力は、次章で述べる〈自尊感情〉と深く関わっていると考えられます。興味ある方は次章まで読み進めてみてください。

第10章 キャリア教育 ── 存在を肯(うべな)われて生き方を選ぶ

　前章では、自分自身をふり返り反省することの意味、その終わりのなさ、無限ループについて考えました。無限ループから抜け出し、過去の自分にうちかって生きていくためには、どうすればいいのか。この本章ではこの問題を、自分自身の生き方を選ぶ際に関わってくる自尊感情の観点から、考えてみたいと思います。

10-1　キャリア教育の基礎知識

　学校の中で、私たちの生き方について学ぶ機会が増えてきました。こうした学びを、〈キャリア教育〉といいます。ここでは、キャリア教育の現状や問題から、私たちの自尊感情について、そして生き方を選ぶということについて考えてみましょう。

10-1-1　キャリア教育の定義

　学校でのキャリア教育が推進されるようになって、10年がたとうとしています。いかに生きていくかの教育は、〈進路指導〉という形で昔から行なわれてきました。しかし近年は、職業体験など、より〈はたらく〉を意識した形で行なわれています。
　ここで、careerという本来意味の広い言葉が使われるのには、理由があります。キャリアと聞くと、職業という意味がイメージされ

るひとも多いでしょう。しかし〈人生の道〉という意味のこの言葉を、文部科学省は、「個々人が生涯にわたって遂行するさまざまな立場や役割の連鎖及びその過程における自己と働くこととの関係付けや価値付けの累積」と定義づけています。ですから、キャリア教育には、日々の暮らしのことやこれから自分たちが出ていく社会の仕組み、といったことがらについての教育も含まれています。

キャリアのこうした意味をふまえ、キャリア教育は「児童生徒一人一人のキャリア発達を支援し、それぞれにふさわしいキャリアを形成していくために必要な意欲・態度や能力を育てる教育」と定義されています。また、キャリア形成の4つの能力として、人間関係形成能力、情報活用能力、将来設計能力、意志決定能力が挙げられています。つまり、豊かな人間関係を築き、就きたい職業に関する情報を入手、活用でき、将来に向かって計画的に行動でき、自分で自分のことを決められる力を身につけることを目指すわけです。

しかし同時にキャリア教育は、端的には「児童生徒一人一人の勤労観、職業観を育てる教育」、とも定義されています [1]。ここでは、人生そのものへの教育から、急に、働くことへと範囲が縮められていることがわかります。なぜでしょうか。

10-1-2 産業構造の変化

キャリア教育が、キャリアという言葉の本来の意味から狭まって、働くことに焦点化している背景には、社会問題化している、若者の労働問題があります。そもそもキャリア教育は、「若者自立・挑戦プラン」[2] の中で、文部科学省が教育の観点から推進したものです。「少子高齢社会の到来、産業・経済の構造的変化や雇用の多様化・流動化」によって、「就職・就業をめぐる環境の変化」が生じ

ており、若いひとが安定して働くことのむずかしい社会状況になってきている、だから働くことについて早くから教育せねば、というのです [3]。

日本の労働市場では長いあいだ、新卒一括採用と終身雇用という慣行がありました。しかし、産業構造の変化と経済競争の激化に伴って、終身雇用の制度が崩れつつあります。また、社会の成熟に伴い、急激な経済発展も望めない状況になっています。さらには、就職したものの早期離職する若者の多さも、指摘されています。

学校から社会に出て就職し、その会社に勤めつづける。こうしたかつての人生モデルが、成り立たなくなっている現状があります。次の図10-1は、高校卒業者を100人としたとき、学校を出てまっすぐに就職し、そのままその会社に3年間勤めつづけているひと（ストレーター）の人数を表したものです [4]。この表を見ると、〈学校を卒業したら就職し、ずっとそこに勤める〉というかつての〈普通〉の働き方が、いまでは過半数にも満たないものだということがわかります。

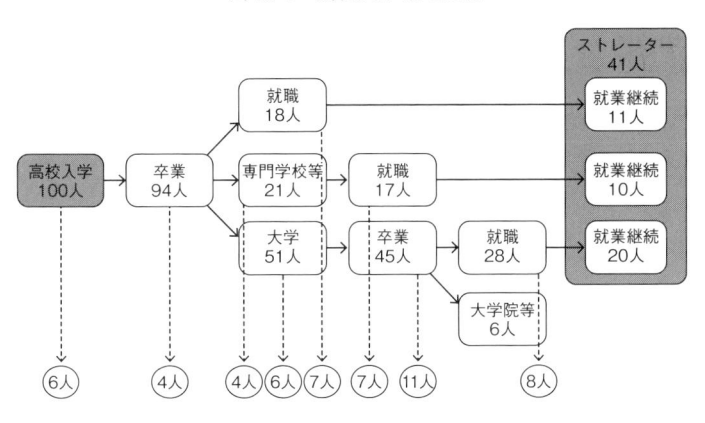

図 10-1　高校入学後の進路

第10章　キャリア教育 ― 存在を肯われて生き方を選ぶ

つまり、一度就職したら後は会社の発展を信じ努力すればよい状況ではなくなりつつあります。にもかかわらず、新卒一括採用という慣行だけは残っています。ですから、最終学校を卒業する前に就職の決まっていないひとにとっては、職業生活が大変厳しくなる可能性が否定できない社会なのです。事実、ニートとフリーターの若者（25歳〜35歳）は約130万人もいると推計されています。

10-1-3　意識や資質をめぐる問題

　上のような産業構造の変化に加えて、文部科学省は、働くことをめぐる若いひとの意識や資質の変化も指摘しています。たとえば、「若者の勤労観、職業観や社会人・職業人としての基礎的・基本的な資質をめぐる課題」があり、具体的には、「精神的・社会的自立が遅れ、人間関係をうまく築くことができない、自分で意思決定ができない、自己肯定感を持てない、将来に希望を持つことができない、進路を選ぼうとしないなど、子どもたちの生活・意識の変容」があるというのです [5][6]。また、「高学歴社会におけるモラトリアム傾向が強くなり、進学も就職もしなかったり、進路意識や目的意識が希薄なまま『とりあえず』進学したりする若者の増加」も指摘しています [7]。

　農業や工場経営など、職住隣接型の産業が多くを占めた時代から、満員電車に揺られて遠くの会社まで働きにいく時代に変化して、長い時間が過ぎました。親が働く姿を身近に見る機会の減った子どもたちが、働くことに消極的になっているという指摘もあります。そこで、子どもたちに職業体験をしてもらい、実際に働くことにはどんな厳しさややりがいがあるのかを学んでもらおう、というのです。そして、自分のやりたい職業を見つけ、計画的に努力していこう、

というのが文部科学省の推進するキャリア教育のねらいです。その成果あってか、自分が「将来就きたい職業が決まっている」と回答した小学生は80.2％、中学生が66.8％になっています。中学生になるとこの回答の割合は減少していますが、「将来何かの職業や仕事に就いて働きたい」と考えている生徒は97％にのぼります[8]。

10-1-4 キャリア教育の問題

以上で整理したように、産業構造の変化によって、かつての働き方からは変更をしなければならないということと、若いひとの意識や資質の変化ということの2つの背景から、キャリア教育が進められています。その具体的な取り組みは、「自己理解」系、「職業理解」系、「キャリアプラン」系、という3つにおおまかに分類できるといいます（児美川, 2013, p.57）。これらが、将来の働き方を考えるうえで、有効に機能することはとても大事なことでしょう。しかしながら、こうした流れを見てくると、そこにはいくつもの矛盾がないでしょうか。

その最たるものは、産業構造の変化や競争の激化により、若いひとが安定して働くことがどんどんむずかしくなっているにもかかわらず、やりたいことを探し、就きたい職業を探させる、という矛盾です。希望だけを膨れあがらせて、実際に働くときには受け皿が用意されていないことを教えない。そんなキャリア教育は、子どもたちの人生をむしろ生きづらいものにするのではないでしょうか。この問題を、教育学者の児美川孝一郎は、「『やりたいこと』探しには熱心なのに、その『やりたいこと』が実現可能かどうかについての探求（判断）は、基本的に個人に任されている」と、指摘しています（同書, p.82）。

10-2　自尊感情

　キャリア教育と就労機会の実態とのずれ以外に、キャリア教育に問題はないのでしょうか。本節では、キャリア教育の推進される背景と指摘される、子どもたちの生活・意識の変容に焦点を当てて考えたいと思います。その中でも、「自己肯定感を持てない」という点にしぼって考えてみましょう。

10-2-1　自尊感情の意味とジェームズの定義

　〈自己肯定感〉は心理学の用語で、原語は self-esteem、〈自尊感情〉や〈自尊心〉と訳すこともあります。ここでは、〈自尊感情〉と呼ぶことにしましょう。

　自尊感情とは、文字どおり、自分自身を尊重する感情、感覚のことです。水面に映った自分の姿に恋をしたナルキッソスの神話にあるように、人間は誰でも、自分のことを客観的評価よりも高く評価する傾向にあります[9]。謙虚を美徳とする日本社会では、これ自体は、あまり望ましくないと思われることもあります。しかし、自分のことを大切にする気もちは、他者を敬い大切にする気もちと実は密接なつながりがあります。自尊感情が低いと、ひとは、投げやりになったり、他人や自分を傷つけてしまいがちです。ですから、自分をかけがえのない存在と思い、周囲の評価よりも高く自分を評価することは、豊かに生きていくうえでとても大切なことだといえます。

　ではこの重要な感情・感覚があるかどうかは、どのようにすれば

わかるのでしょうか。つまり、自尊感情はどう定義できるのでしょうか。自尊感情は心理学のキーともいえる概念で、その定義は、心理学という学問がスタートして以来ずっと問題になってきました。

心理学者のウィリアムズ・ジェームズは、自尊感情を、〈成功（success）〉÷〈欲求・願望（pretensions）〉で測れると考えました（James, 1890）。自分の望みがどれだけ叶うかということが、自分を尊重できる気もちを高めるというのです。これが、自尊感情の最初の定義です。

10-2-2 ローゼンバーグの自尊感情尺度

しかし、人間は、成功すれば必ず幸せで自分に満足できる、というわけではありません。そこで、モリス・ローゼンバーグという心理学者は、自尊感情を、自分に対してgood enoughと感じられる感覚だ、と考えました（Rosenberg, 1989）。何かの能力がひとより秀でていてvery goodかどうか、ということではなく、いまある自分自身で十分に良いと感じられるかどうかだ、というのです。そして、そのことをさぐるために、10個の質問項目を考えました。いま日本で一般に〈自尊感情〉〈自己肯定感〉といった言葉で表されるものは、ほとんどが、このローゼンバーグの作成した尺度に基づいています。

1　私は自分に満足している。
2　私は自分がだめな人間だと思う。
3　私は自分には見どころがあると思う。
4　私は、たいていの人がやれる程度には物事ができる。
5　私には得意に思うことがない。

6 　私は自分が役立たずだと感じる。
7 　私は自分が、少なくとも他人と同じぐらいの価値のある人間だと思う。
8 　もう少し自分を尊敬できたらと思う。
9 　自分を失敗者だと思いがちである。
10　私は自分に対して、前向きの態度を取っている。

さて、この指標を見ていくと、他のひとと比べる指標（4、7）と、自分自身で評価する指標（その他）との両方があることがわかります。このように自尊感情には、他者へと向けた視点と、自分自身へと向けた視点とが両方含まれています。

10-2-3　基本的自尊感情と社会的自尊感情

自尊感情のこうした複雑な問題（成功と満足の関係、他人と自分との関係）を整理し、心理学者の近藤卓は、自尊感情には2つの領域がある、と指摘しています。すなわち、「他者との比較によって形成される感情で、相対的なもの」という「社会的自尊感情」と、自分の存在を肯定するという「絶対的な感情として心のうちに存在する」「基本的自尊感情」です（近藤, 2010, p.13）。基本的自尊感情が「自尊感情の『基礎』をなすもの」であるのに対し、社会的自尊感情は、「自尊感情の『上屋』を形作っているもの」です（同頁）[10]。

ジェームズのいう〈自尊感情〉は、社会的自尊感情にあたります。これは、「他者との比較や優劣で決まってくるもので、勝ったり優れていたりすれば高まる」ものだからです（同書, p.3）。しかし、自分自身の存在そのものに対する肯定感は、基本的自尊感情として、私たちを無条件に支えてくれます。

では、基本的自尊感情を育むためにはどうしたらよいでしょうか。近藤は、「本来は親や家族などの身近な人々との間で、無数に繰り返してきた」はずの〈共有体験〉が必要だ、といいます（同書, pp.6-7）。たとえば、他者と横並びになって、同じものを一緒に見る〈共同注視〉の体験で、得られるものです。すると、自分自身の中に根源的にあって、存在そのものを支えてくれるものも、実は、他者との関係によってつくられていることになります。

10-2-4　基本的自尊感情 ── 存在の肯い

　ここで、筆者たちが大切だと考えている点を強調しておきましょう。それは、基本的自尊感情が高いときには、単に自分の存在を良いものとして受け容れられるというだけでなく、欠点やイヤなところのある自分自身そのものを、そのまま受け容れられるということです。とりわけ重要なのは、他者が、自分のダメなところも含めて受け容れてくれている、という感覚です。良いところ、高く評価できるところを受け容れてもらえれば、私たちは自信をもてます。これが、いわゆる社会的自尊感情です。しかし、人間には必ず、弱い部分、イヤな部分があります。存在を肯うということは、そのような弱さ、イヤな面があるとしても、そのままの自分を受容されるということです。これには、まず他者から受容されている、という感覚が必要です。

　誤解のないように付け加えておくと、これは、「ダメなところ」を甘やかしてよい、ということではありません。自分の弱さは、向き合い、乗りこえていくべきときがくるでしょう。けれど、人間である以上、完全に乗りこえることはできないはずです。そのような不完全な自分であっても、存在していていいと感じられることが、

図 10-2 自尊感情のピラミッド

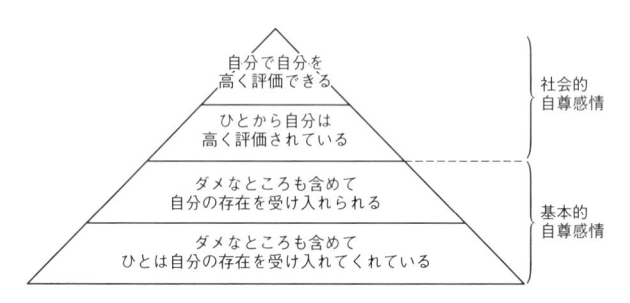

```
            自分で自分を
           高く評価できる              ⎫
         ひとから自分は                 ⎬ 社会的
        高く評価されている              ⎭ 自尊感情
  - - - - - - - - - - - - - - - - -
      ダメなところも含めて              ⎫
     自分の存在を受け入れられる          ⎬ 基本的
   ダメなところも含めて                 ⎭ 自尊感情
  ひとは自分の存在を受け入れてくれている
```

存在を肯われる、ということです。

 そこで本書では、他者からの存在の肯いによって支えられ、自分自身でも自分を支える基本的自尊感情と、他者から評価されることによって支えられ、自分自身の高い評価にもつながる社会的自尊感情を、次のようなピラミッド図で表すことにします（図10-2）。自尊感情は、自分自身に対する自分自身の感情です。ですが、社会的自尊感情、つまり〈自信〉の部分も、基本的自尊感情、つまり〈存在受容〉の部分も、他者からの視点を自分自身の視点として内在化し、今度は、自分自身の感覚として捉えられるようになるものといえます。

10-2-5 基本的自尊感情と社会的自尊感情のバランス

 基本的自尊感情と社会的自尊感情、両方の部分がバランスよく、共に大きいことは、自尊感情が高い状態、つまり自分自身のことを受け容れられ、豊かに生きていける状態を表します。けれど、私たちは必ずしも、自分たちの自尊感情をバランスよく保てるわけではありません。ここで、近藤の4パターン分類（同書, p.14）に、筆者

図10-3　自尊感情のピラミッドの4パターン

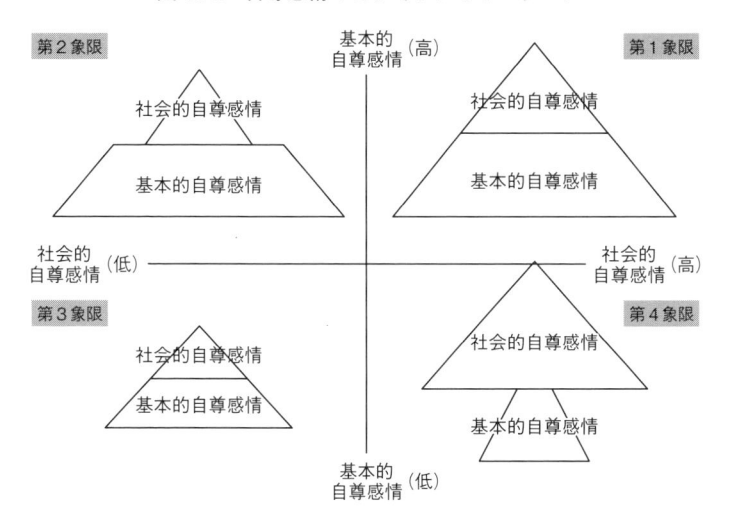

[図：第2象限（基本的自尊感情高・社会的自尊感情低）、第1象限（両方高）、第3象限（両方低）、第4象限（基本的自尊感情低・社会的自尊感情高）の4つのピラミッド]

作成の図10-2を組み合わせて、社会的自尊感情と基本的自尊感情のバランス次第で、私たちの内面がどのように変化するのかを、単純化して考えてみましょう（図10-3）[11]。

基本的自尊感情も社会的自尊感情も高ければ、第1象限の図になります。ところが、私たちは必ずしも成功ばかりしているわけではありません。たとえば失敗し、叱られたり、自分でも落ちこんでしまうと、社会的自尊感情は下がり、第2、第3象限の状態になります。

このとき、基本的自尊感情が十分に高ければ、一時的に落ちこんだとしても、「ちょっと休憩をして回復するまで待ってみよう」という気もちになります（第2象限）。あるいは、もう一度チャレンジしてみようといった気もちが湧いてくることもあります（第1象限）。このように、根本的なところでは、未来の自分に期待をすることができます。ところが、基本的自尊感情がもとから低いと、一度の失

敗で小さく縮こまってしまい、そこから抜け出せなくなってしまうのです（第3象限）。

　では、基本的自尊感情が低くても、社会的自尊感情が高ければ、自尊感情全体は補えるのでしょうか。自尊感情がピラミッド図で表せるということは、私たちの自尊感情全体が、基本的には、下層の部分によって支えられているということを意味しています。ですから、第4象限の図は、上ばかりが大きくて下が支えきれず、ぐらぐらと不安定な図だということになります。肥大した社会的自尊感情の重みに、基本的自尊感情が耐えきれないのです。

　このような図で表されるのは、どのような状態でしょうか。たとえば、自信がないからこそ必死で努力するひとの中には、第4象限の状態のひとがいるでしょう。このようなひとは、周りからは高く評価されます。しかし、本人はいつまでたっても、自分のやることに納得できず、不安な気もちで過ごすことになります。さらには、別の形もあります。自慢ばかりするとき。権力を振りかざそうとするとき。これも実は、第4象限の変形版といえます。自分の存在が肯われている、という安心感がないからこそ、周囲が自分の能力を高く評価してくれることを強く求め、ときにはごり押ししてしまうことになるのです。いずれにせよ、高い能力があるにもかかわらず、本人は高い不安状態におかれることになってしまうのが、このパターンです。

　このように見てくると、10-2-3で述べた〈共同注視〉体験をさせれば必ず基本的自尊感情が育まれる、といった単純な問題ではないことは明らかです。存在を肯われているという確かな実感は、形にならないので見えにくく、周りのはたらきかけも、ちょっとしたボタンのかけ違いで、社会的自尊感情ばかりを育んでしまうことになりかねません。培われているかどうかわからない不確かさに耐えな

がら存在を肯いつづけた、その先に、〈もしかすると〉〈たまたま〉豊かな自尊感情が育つのかもしれません。

10-3　自尊感情と自己選択

10-3-1　なりたいもの探しの落とし穴

　キャリア教育が、しばしば、希望する進学先や就きたい仕事探し、つまり〈やりたいこと探し〉として実施されていることは、10-1-4で述べたとおりです。これを自尊感情の枠組みで考えると、ジェームズがいう自尊感情の分母の部分を広げていく、ということになります。

　すると、ここでは2つの大きな問題が生じてきます。

　1つは、なりたい自分になれなかったときに、社会的自尊感情が下がってしまうという問題です。というのも、日本の経済が今後急成長する見込みはほとんどなく、若者の雇用問題は今後も長らく低迷することが容易に予測できるからです。欲求ばかりが高くなって、成功ができないとき、社会的自尊感情は低くなります。キャリア教育が、かえって、若者の自尊感情を低くしてしまうのです。

　さらにもう1つ、もっとひとの存在の根幹に関わる問題も残っています。たとえばキャリア教育の中でやりたいこと探しをし、そのための下調べや準備をたくさんしたとしましょう。このような活動では、より正確に調べ、情報を活用し、周りと協力して、良い成果が出せることが求められます。そのような成果には、高い評価もなされるでしょう。こうすればたしかに、社会的自尊感情は高くなります。

けれども、人間である以上、私たちは必ず失敗をします。社会的自尊感情ばかり育んでいる中で失敗すると、私たちの自尊感情のピラミッドは、上だけが重くなって、バランスが崩れてしまいます。

必要なのは、失敗してしまう自分も、成功する自分と同じく大切な存在として受容できる、〈やわらかさ〉と〈たくましさ〉です。この部分が育っていないと、失敗する自分は受け容れられないものとして、拒絶されてしまいます。若者の早期離職や急増する精神疾患の中には、基本的自尊感情が育くまれていないがゆえに生じているケースもあるのではないでしょうか。キャリア教育の背景となっているこうした社会問題が、社会的自尊感情ばかりを育てようとし、さまざまな能力（たとえば10-1-1で述べたような4種の能力）を高めようとするキャリア教育のせいで生まれているとしたら、皮肉なことです。

10-3-2　理不尽な社会における自己選択とキャリア教育

このことをふまえて、キャリア教育の話題に戻ってみましょう。自分のキャリアをどうするか考え、見つめ、つくっていくということは、なりたい自分を選択していくということです。将来の職業だけでなく、どのような働き方をし、どのような暮らし方をしたいのか。就職先は？　結婚は？　子育ては？　人生の岐路はいたるところにあります。そのそれぞれで、私たちは、なりたい自分がどんな自分なのかを、選択していきます。

しかし、私たちは自分とは根本的に異なる他者たちと共に社会を構成しているのですから、願いは必ずしも叶うわけではありません。第Ⅰ部で見たように、私にとって理不尽なことが、社会の中の他の誰かにとっては正当なことだ、ということがいくらでもありえます。

しかも、雇用をめぐって、私たちの社会は厳しい状況におかれています。社会の本質的な理不尽さに加えて、現実的な問題としての厳しさが、重くのしかかります。

このような時代に求められるのは、社会の仕組みが変化しても、その変化に対応できるやわらかさと、その変化の中で自分を見失わない芯の強さとの両方です。社会が変化すれば、自信をもっていた自分のある能力が、あるときから〈不要だ〉と言われてしまう可能性もあります。こうした挫折の後でも、未来の自分に期待して新たな選択をできるかどうかが、重要になります。

未来に向かって自分を選択していくためには、しっかりとした足場が必要になります。この足場こそが、基本的自尊感情、すなわち、他者に支えられながら自分の存在を肯われていると感じる力なのです。求められる能力がなくて不安になっても、自分の存在そのものをしっかり肯えるとき、私たちは、自分の不足分を見つめ、それを補うための選択に一歩踏み出すことができます。すると、キャリア教育として本当に必要なのは、欠点だらけの自分とどう向き合い、どう折り合いをつけていくのか、という種類の自己選択であって、職業観をもったり、コミュニケーション能力を高めたりするということではないはずなのです。

いまの自分が最も大切にしている価値観は何なのか、社会が変化したとしても変わらずにたずさえていく信条は何なのか。自分が得意だと自信をもっている能力が拒まれて挫折してしまったとしても、その先へと自分を進めてくれる何か。自分の存在を根源から支えるその何かを豊かに育むことこそが、本来のキャリア教育だといえるのでしょう。

第Ⅲ部では、〈私〉に捉えられる〈私（自己）〉とは何かを考えて

きました。自己は、決して確固たるものではありません。語れば変わってしまい、捉えればするりと逃げていき、その根底で肯われることを切望している。そんな不確かな〈私〉をたずさえて生きていく。これは、人間の業(ごう)でしょうか、自由でしょうか。

【注】

[1] 以上のキャリア教育の定義等については、文部科学省（2006）「小学校・中学校・高等学校キャリア教育推進の手引き ── 児童生徒一人一人の勤労観、職業観を育てるために」3ページより引用。
[2] 若年者の雇用問題に対する政府全体としての対策として、文部科学省、厚生労働省、経済産業省、内閣府が連携してとりまとめたプラン（2004）。
[3] 文部科学省（2006）、上掲調査。
[4] 児美川（2013）、p.25の図を、レイアウトのみ変更して引用しました。
[5] 文部科学省（2006）、上掲調査。
[6] 一度決まった会社に入れば一生安泰だと考えてきたいまのおとながかつての子どもだったとき、本当にいまの子どもたちよりも自分で意思決定ができ、人間関係をうまく築くことができていたのか、という本質的な疑問は尽きなく湧いてきますが、紙幅の都合から、ここでは割愛します。興味のある人は平田（2012）などを読んで考えてみてください。
[7] 文部科学省（2006）、上掲調査。
[8] 国立教育政策研究所（2012）「キャリア教育・進路指導に関する総合的実態調査第一次報告書」p.166。一方でベネッセ（2009）「第二回子ども生活実態基本調査」によると、将来就きたい仕事がある高校生の割合は、50.6％にすぎません。
[9] 心理学ではこのことを〈平均以上効果〉といい、主観と客観の評

価の差は約20％とされています。

[10] なお近藤は、これらはあくまで2つの側面ですが、「実際の日常的な場面においては、これら2つの感情が明確に独立した別個のものとして存在するわけではない」（近藤, 2010, p.13）と指摘しています。

[11] もちろん実際の心の動きは、このように単純にパターン化できるものではありません。ここでは理解しやすいようにモデル化しているにすぎないことに留意したいと思います。

終章 みんなと普通に生きつづけること
——〈基盤〉としてのあたりまえ

　第10章では、他者からも自分からもそのままの自分が受容されている、と感じる感覚である〈基本的自尊感情〉の重要性が示されました。本章では、こうした基本的自尊感情、いいかえれば、存在の肯いを感じられることを根底で支えている何か、私たちが、あたりまえをあたりまえに生きていけるために必要な何か、について考えていきたいと思います。

終-1 〈基盤〉としてのあたりまえ

　序章で述べたように、本書では、次の3つを前提として論を展開してきました。① 私たちは、〈○○はあたりまえだ〉という枠組みの中で物事を考えている。② その枠組みは、〈他のみんなもそれをあたりまえだと思っている〉という信念になっている。③ その枠組みを疑ってみることが、教育の問題を考えることである。

　序章では、いわば、〈枠組み〉としてのあたりまえ、を学んだわけです。〈世間〉〈普通〉〈暗黙のルール〉といったあたりまえの枠組みは、程度の差はあれ、私たちみんながもっているものです。この枠組みは、私たちのありとあらゆる行動の基準となっています。たとえば、私たちには、〈この場でこのふるまいをするのはおかしいのではないか〉、と思って動けなくなることも、〈私にはひとの気もちがまったくわからない〉と落ちこむことも、〈私がいま見てい

るモノは他のひとにも見えているんだろうか〉、と不安に思うことも、基本的にはそうそうありません。どうしてなのでしょう。

　それは、物事を経験したり、考えたり、理解したりする〈枠組み〉としてのあたりまえを支える、もうひとつのあたりまえがあるからだと、筆者たちは考えています。このあたりまえを、本書では、〈基盤〉としてのあたりまえと呼びたいと思います。図終-1で示したように、〈基盤〉としてのあたりまえが、〈枠組み〉としてのあたりまえをいつも支えています。だからこそ、私たちは〈世間〉・〈普通〉・〈あたりまえ〉という感覚をもつことができます[1]。本書で目指してきたように、〈枠組み〉としてのあたりまえは、ときに、なくなったり、新しく加わったり、変更されたりします。他方、〈基盤〉としてのあたりまえは、第4章で学んだ〈知覚を下支えしている生きられる時空間〉と同じく、私たちがあたりまえに生きていくことを根底で支えています。そのおかげで、私たちは、自分の感じている〈ふつう〉や〈あたりまえ〉を他者も同じように感じているだろうことを、言葉や行動にしていちいち確認しなくても、信頼しながら生きていくことができるのです[2]。

図 終-1　〈枠組み〉と〈基盤〉ふたつのあたりまえ

終-2　あたりまえだと思えなくなるとき

　物事を捉えたり、考えたり、理解したりする〈枠組み〉としてのあたりまえは、〈基盤〉としてのあたりまえに支えられています。上述したように、〈枠組み〉としてのあたりまえは、なくなったり、新しく加わったり、変更されたりします。では、〈基盤〉としてのあたりまえがなくなってしまうことはないのでしょうか。もしそうなってしまったら、私たちはどうなってしまうのでしょうか。

　私たちが生きている以上、〈基盤〉としてのあたりまえに何らかの形で支えられている、筆者たちはそう考えています。たとえば、意識がまったくない、寝たきりの遷延性意識障害の患者であっても、担当看護師は、彼らの思いや意思を感じとることができる、という知見があります[3]。他方、何らかの理由で〈基盤〉が脆くなってしまっていて、あたりまえをあたりまえとして生きづらいひとびとはかなりいるように思われます。たとえば、フツーに生きている私たちでも、何かのキッカケでさまざまなことが信じられなくなったり、生きるのがつらくなったりすることがあります。このときには、〈基盤〉としてのあたりまえが、（一時的に）脆くなっているといえるでしょう。さらには、第2章でとりあげた児童虐待の被害者たち[4]、第6章でとりあげた自閉スペクトラム症のひとびと[5]、そして、本節でこれから見ていく統合失調症のひとびとは、つねにこうした脆さにさらされているといえます。

　統合失調症とは、認知障害と自閉症状を基礎障害とする精神障害です。妄想、幻覚、解体した会話、ひどく解体した行動（不適切な服装など）といった症状があるとされます。統合失調症のひとびと

の生きづらさに目を向けるにあたり、精神科医ブランケンブルクの著書『自明性の喪失』の中の患者である、アンネの言葉を手がかりにします。ブランケンブルクのいう〈自明性（Selbstverständlichkeit＝私たちにおのずと了解されているあり方）〉とは、本書で述べてきた〈あたりまえの感覚〉と考えていいと思います。

　アンネは、本書でいう〈基盤〉としてのあたりまえが自分に欠けていることを感じとっていて、くり返し語っています。アンネのもどかしい語り口からは、彼女が感じている生きづらさがどれほど深いのかがひしひしと伝わります。

　　だれでも、どうふるまうかを知っているはずです。だれもが道筋を、考え方を持っています。動作とか人間らしさとか対人関係とか、そこにはすべてルールがあって、だれもがそれを守っているのです。でも私にはそのルールがまだはっきりわからないのです。私には基本が欠けていたのです。《中略》考えたり、行動の仕方を決めたり、態度を決めたりするのも、それによってやっているんです……。《中略》そこには感情が、一人の人をもう一人の人と結びつける感情が必要だと思います。人間が人間に ── 人間らしくなるためにはどうしても必要な感情が。それからいろいろな考え方も ── とても簡単なこと、一番簡単なことが大切なんです《中略》〔私は〕いろいろのことを落っことしてしまっているのです。でもそれだけじゃありません。なにかが抜けているんです。でも、それが何かということをいえないんです。何が足りないのか、それの名前がわかりません。いえないんだけど、感じるんです。わからない、どういったらいいのか ── 悲しい、卑屈な気持……。《中略》どんな子供でもわかることなんです。ふつうならあたりまえのこととして身につけていること、それを私はどうしてもちゃ

んということができません。(ブランケンブルク, 1978, pp.74-75、
　　〔　〕は引用者による補足)

　誰もがあたりまえに必要としているものなのに、それが何であるのかを言うことができない。わかることさえできない ……。アンネの語りからは、〈あたりまえ〉の感覚があまりに自明であるからこそ、言葉で語ることさえできないつらさがうかがえます。

　最終的にアンネは自殺をしてしまいます。〈あたりまえさ〉は、アンネ自身が語っているように、「大切なこと、それがないと生きていけないようなこと」(同書, p.73) なのです。私たちは、日々を〈ふつうに〉〈あたりまえに〉生きています。しかし実は、それはあたりまえではないことを、アンネは教えてくれます。

終-3　あたりまえを疑うことができるのは

　ここまで本書では、多様な家族の形、児童虐待、発達障害、居場所、いじめ、自閉スペクトラム症、カウンセリング、不登校、非行、キャリア教育といったさまざまなことがらをとりあげました。そして、こうしたことがらについてこれまで語られてきた〈あたりまえ〉を疑い、問いなおしてきました。

　これまでは疑うことなく〈あたりまえ〉だと思っていたことが、実は、誤解に基づくものだったり、多様な観点の中の1つでしかなかったりする。そう気づいたとき、物事や世界についての私たちの〈あたりまえ〉の枠組みが、少し広まったり、少し深まったりします。たとえば、第1章でとりあげた、〈少子化が進んでひとりっ子が増えている〉、という広く流布している言説の場合。少子化が進

んでもひとりっ子は増えているわけではない、と知ったとき、私たちの多くはびっくりします。そして、「そういわれてみれば、私自身も、私の周りの友だちも、兄弟姉妹がいる子が多いよなあ」、と考えたりするでしょう。このように少子化をめぐる〈あたりまえ〉が組みかえられて、これまでの自分の理解が修正されます。少子化に関する本を読んだり、ニュースを見たりする見方も変わってくるかもしれません。さらには、〈あたりまえをまず疑って、自分自身で吟味してみる〉という態度が身につけば、少子化問題にとどまらず、自分をとりまくさまざまな問題の捉え方や、世界の見え方さえもが、変わってくるかもしれません。

　実体がなく頼りないものだとしても、私たちは、〈ふつう〉や〈あたりまえ〉の枠組みの中で生きています。こういった枠組みは、〈基盤〉としてのあたりまえさに支えられています。こうした〈基盤〉に支えられている私たちは、たとえば、「少子化が進んでもひとりっ子は実は増えていない」という事実を知ったときに、ショックのあまり何も信じられなくなったりはしません。だからこそ、私たちは、あたりまえを疑いつづけることができます。逆説的になりますが、あたりまえを疑って、新しいあたりまえを獲得しつづけられること、このこと自体が、私たちが〈あたりまえ〉や〈ふつう〉の基盤に支えられているからこそ、できることなのです。

　本書では、教育にまつわる10のことがらについて、そのあたりまえを疑ってきました。いままで抱いてきた違和感に言葉が与えられたり、不安が慰撫されたり、これまでの自分が恥ずかしくて居心地が悪くなったり…。あたりまえの枠組みが変わることは、序文で述べられていたように、解放でもあり、脅威でもあります。新しくなった枠組みから見る世界も、よりいっそう温かかったり、より

いっそうシビアだったりするでしょう。それでも、私たちはあたりまえを疑いつづけなければなりません。というのも、知識や経験を原動力としてあたりまえを疑いつづけること、それこそが、年齢を問わず、成長・成熟することだからです。あたりまえの枠組みが固定してしまったひとの世界は、それがどんなに安定していたとしても、どこかあじけない世界なのではないでしょうか。

　本書はここで終わります。でも、本書を閉じて歩きだすみなさんの目の前には、これまでとは少しでも違った世界が、いつまでも広がりつづけますように。

【注】
[1]〈基盤〉としてのあたりまえは、現象学者フッサールのいう間主観性（intersubjektivität）をいいかえたものです。フッサールは、私たちの日常のあり方をひとつひとつ丁寧に解明することを介して、私たちが間主観的に生きていることを明らかにしました（フッサール, 2001）。
[2] 第6章でとりあげた2つの〈感情移入〉も、私たちが〈基盤〉としてのあたりまえに支えられているからこそ可能になる、と筆者たちは考えています。
[3] たとえば、西村ユミ（2001, 2007）。
[4] 大塚は、児童養護施設で暮らす子どもたちの事例に基づきながら、〈基盤〉としてのあたりまえが脆くなって生きづらいとはどういうことであり、彼らがそうした生きづらさをどのように克服していくのかを研究してきました（大塚, 2009）。
[5] 第6章でも紹介したように、アスペルガー症候群当事者の磯崎は、

私たちが共有している〈ふつう〉の感覚がほとんどないため、自分の感覚を基準として行動しています。同じく当事者の綾屋も、友人と会話をしているときに共有されている雰囲気や会話のルールがわかりません。磯崎と綾屋のこうした体験からは、彼らのあたりまえの〈基盤〉が脆いことがうかがえます。ただし、以下のことに注意する必要があります。私たちの基準からすれば、彼らの基盤は脆いように見えます。しかし、彼らは彼らで、自分たちなりの強固な〈基盤〉としてのあたりまえをもっているのかもしれません。あたりまえの感覚は絶対的ではなく相対的なので、今現在の日本では、私たちの方がマジョリティである、というだけなのです。

あとがき

遠藤（以下、え）：『あたりまえを疑え！　臨床教育学入門』、ようやく脱稿しましたね。お疲れさまでした。

大塚（以下、お）：お疲れさまでした〜（涙）。つらかった〜。でも楽しかったですよね。いままで考えてきたことを消えない言葉としてまとめられたし、さらに深く考えられた。いまのベストを尽くした感じです！

え：私も、これまでは曖昧だったことがすごくクリアになったし、考えていたいろんなことを一本の糸でつなげることができたかなって思います。

お：この本の一番のコンセプトは、タイトルにあるように、「あたりまえを疑おう」ですよね。「現実はどう理解されるの？」「他者はどう理解できるの？」「自己をどう理解するの？」という3つのギモンに向き合ってきました。

え：とりあげた教育問題は10個だけど、これは私たちの興味関心、身近に考えられることだけなので、すごく偏っていて、本当はもっと広く問題を捉えていかないといけないな、ということが、今後にやり残した最大のことかな。

お：引きつづき、シリーズ化できるといいですね（笑）。…ところで、どんなひとに読んでほしいと思っていますか？

え：それは買ってくれるすべてのひと（笑）。でも冗談ではなくて、興味をもってくれるすべてのひとに、と思っています。親とか、先生とか、子どもに関わる営みをしているひとにとっては大事な

問題がたくさん詰まっていると思う。

お：そうですね。それから先生とか、子どもに関わる仕事をしたいなと思っている学生さんにも、ぜひ。

え：私が学生だったとき、大学で学んで一番衝撃を受けたのは、自分の常識とか枠組みが全部変わっちゃうような〈考え方〉とか〈観点〉を学んだときだったんだよね。

お：私もそうです！　大学2年生のときに、ある授業で「みんなって誰ですか？」って先生に問われたことがあって。そこで初めて、「あ、ほんとだ！　みんなってみんなじゃないじゃん、おもしろい」って思ったんです（序章参照）。それが私が現象学を勉強したいと思ったきっかけです。

え：それ、私も同じ授業です（笑）。だから2人とも同じ研究室で大学院まで勉強して、こうしていまも毎週会って、共同研究を続けてるわけですが。

お：毎週何時間も、ですもんね（笑）。なので、この本は、各章で担当は決めているわけですけど、全部共著みたいなものですよね。

え：そうそう、自分でまず書いてみるけど、大塚さんに全部ツッコミを入れてもらって、ときには具体例とか比喩とか、細かい文章表現に到るまで、一緒に考えてもらって。

お：それは私も同じですよ。さらに言うと、序文を書いてくれた筒井美紀先生にはほんとにお世話になりましたよね。全部原稿を読んでくれて、適切なコメントをくださって。

え：お礼はたったのミカン5個で（笑）、ものすごく忙しい、偉い先生なのに…（笑）。この場をかりて、ほんとにほんとに、心からお礼申し上げます。

お：筒井先生は（教育）社会学がご専門だから、私たちの想像もしてないところをツッコんでくれましたよね。それで改めて、私た

ちは私たちで、現象学の〈あたりまえ〉にとらわれてるんだなって実感しました。

え：そうそう。大塚さんが終章で書いてくれたけれど、本当に、〈あたりまえ〉を疑うっていうこと自体も、自分の〈あたりまえ〉の枠組みの中で初めてできることだし、基盤に支えられているおかげだし。だから、枠組みそのものを疑うっていうのは、ものすごくむずかしいんだなって改めて思います。

お：私たちは私たちで、この本をとおして、読者のみなさまの〈あたりまえ〉の枠組みを少しでも問いなおしたり、広げられたらいいなって思っています。同じように、読者のみなさまからも、私たちの〈あたりまえ〉を揺りうごかすようなご指摘をいただけたら嬉しいなって思います。

え：そうですね。私は本のあとがきでいつも現象学者のサルトルの言葉を引用するのだけど、本は、読者の方が読んでくれて、その良さや欠点を発見してくれて、初めて、ホンモノの本にしてもらえるものなんですよね。だから、読んでくださって、私たちのこの言葉の奔流を、本として完成してくださるみなさまがいることが、本当にありがたいです。心から感謝申し上げます。忌憚のないご批評をお待ちしています。そして、この本の一番最初の読者は、編集者である、新曜社社長の塩浦暲さんです。的確なたくさんのご指摘と、スピーディーな編集作業、とてもありがたかったです。前回の『家族と暮らせない子どもたち』（中田編著, 2009）に引きつづき、私どもの本を形にしてくださり、本当にありがとうございます。

お：ありがとうございます。

え：最後に、この本は、ひとそれぞれによってまったく異なる経験をさぐっていこう、というコンセプトのため、最終的に文章とし

て引用したものも、結果的に引用されなかったものも含めて、たくさんの方々のインタビューなど、多くのご協力によって可能になりました。これは、書き手として、また新たなことを知ることができた身として、本当に本当に幸せなことだなあ、と実感しています。

お：そうですよね。私たちの〈あたりまえ〉を揺りうごかしながら確かめさせていただく、貴重な経験を教えてくださったみなさま、本当にありがとうございました。

【本書の執筆分担】
遠藤　野ゆり　まえがき、序章、第1章、第4章、第8章、第9章、第10章、あとがき
大塚　類　　　第2章、第3章、第5章、第6章、第7章、終章、あとがき

引用・参考文献

綾屋紗月・熊谷晋一郎 (2008)『発達障害当事者研究 —— ゆっくりていねいにつながりたい』医学書院

綾屋紗月・熊谷晋一郎 (2010)『つながりの作法 —— 同じでもなく違うでもなく』NHK出版

ボルノウ, O. F. ／大塚惠一・池川健司・中村浩平（訳）(1978)『人間と空間』せりか書房

ブランケンブルク, W. ／木村敏・岡本進・島弘嗣共（訳）(1978)『自明性の喪失 —— 分裂病の現象学』みすず書房

土井隆義 (2008)『友だち地獄 ——「空気を読む」世代のサバイバル』筑摩書房

江國香織 (1998)『都の子』集英社

遠藤野ゆり (2009)『虐待された子どもたちの自立 —— 現象学からみた思春期の意識』東京大学出版会

グランディン, T.・スカリアノ, M.M. ／カニングハム久子（訳）(1994)『我、自閉症に生まれて』学習研究社

萩原建次郎 (2001)「子ども・若者の居場所の条件」田中治彦編著『子ども・若者の居場所の構想 ——「教育」から「関わりの場」へ』学陽書房

長谷川博一 (2011)『子どもを虐待する私を誰か止めて！』光文社

ハイデガー, M. ／渡辺二郎（訳）(2003)『存在と時間Ⅰ』中央公論新社

平田オリザ (2012)『わかりあえないことから —— コミュニケーション能力とは何か』講談社

広田照幸 (1999)『日本人のしつけは衰退したか ——「教育する家族」のゆくえ』講談社

フッサール, E. ／浜渦辰二（訳）(2001)『デカルト的省察』岩波書店

石原孝二（編）(2013)『当事者研究の研究』医学書院

磯崎祐介 (2014)「当事者が語る生きづらさ」大塚類・遠藤野ゆり（編）『エ

ピソード教育臨床』創元社
James, W. (1890) *The Principles of Psychology*, Dover Publication, Inc.
神田橋條治他 (2010)『発達障害は治りますか？』花風社
加藤誠之 (2004)「非行を卒業するとき」中田基昭編『学ぶと教えるの現象学研究』第10巻
近藤卓 (2010)『自尊感情と共有体験の心理学 —— 理論・測定・実践』金子書房
児美川孝一郎 (2013)『キャリア教育のウソ』筑摩書房
増井武士 (2007)『治療的面接への探求 (1)』人文書院
メルロ・ポンティ, M. ／竹内芳郎・小林貞孝 (訳) (1967)『知覚の現象学1』みすず書房
森達也 (2006)『世界を信じるためのメソッド —— ぼくらの時代のメディア・リテラシー』理論社
森口朗 (2007)『いじめの構造 —— 教室を蝕むスクールカーストとは何か？』新潮社
森田洋司他 (1994)『いじめ —— 教室の病い』金子書房
諸富祥彦 (2010)『ほんものの傾聴を学ぶ』「はじめてのカウンセリング入門」下, 誠信書房
中釜洋子 (2001)『いま家族臨床が求められるとき —— 家族への支援・家族との問題解決』垣内出版
中田基昭 (編) ／大塚類・遠藤野ゆり (2011)『家族と暮らせない子どもたち —— 児童福祉施設からの再出発』新曜社
内藤朝雄 (2009)『いじめの構造 —— なぜ人が怪物になるのか』講談社
日本精神神経学会監修 (2014)『DSM-5 精神疾患の分類と診断の手引』医学書院
西村ユミ (2001)『語りかける身体 —— 看護ケアの現象学』ゆみる出版
西村ユミ (2007)『交流する身体 ——「ケア」を捉えなおす』NHK出版
野口裕二 (2005)『ナラティヴの臨床社会学』勁草書房
野波ツナ (2011)『旦那さんはアスペルガー』コスミック出版
岡南 (2010)『天才と発達障害 —— 映像思考のガウディと相貌失認のルイス・キャロル』講談社
小野田正利 (2008)『親はモンスターじゃない！ —— イチャモンはつなが

るチャンスだ』学事出版

大石英史（2014）「心理臨床場面から描かれる生きづらさ」大塚類・遠藤野ゆり（編）『エピソード教育臨床』創元社

大塚類（2009）『施設で暮らす子どもたちの成長 ── 他者と共に生きることへの現象学的まなざし』東京大学出版会

大塚類（2010）「他者と共に暮らす」中田基昭編『家族と暮らせない子どもたち ── 児童福祉施設からの再出発』新曜社

ロジャーズ, C. R.／末武康弘・保坂亨・諸富祥彦（訳）（2005a）『カウンセリングと心理療法 ── 実践のための新しい概念』岩崎学術出版社

ロジャーズ, C. R.／諸富祥彦・末武康弘・保坂亨（訳）（2005b）『ロジャーズが語る自己実現の道』岩崎学術出版社

Rosenberg, M. (1989) *Society and the Self-Image*, Wesleyan.

サルトル（1999）『存在と無 ── 現象学的存在論の試み』新装版, 上, 人文書院

シェーラー, M.／青木茂・小林茂（訳）（1977）『シェーラー著作集8 同情の本質と諸形式』（青木茂他訳）白水社

Schmitz, H. (1974) Das leibliche Befinden und die Gefühle, *Zeitschrift für philosophische Forschung, Nr28.*

鈴木翔（2012）『教室内カースト』光文社

高野京子（2001）「不登校児をもつ親の苦悩と葛藤」巨椋修（編著）『不登校の真実 ── 学校から逃れる子どもたち』きんのくわがた社

滝川一廣（2012）『「こころ」はどこで育つのか ── 発達障害を考える』洋泉社

谷徹（2002）『これが現象学だ』講談社

浦河べてるの家（2002）『べてるの家の「非」援助論 ── そのままでいいと思えるための25章』医学書院

ホワイト, M.・エプソン, D.／小森康永（訳）（1992）『物語としての家族』金剛出版

索引

■ あ行

アスペルガー症候群　46, 52, 54, 94, 95, 100, 101, 104, 171
あたりまえ　i, ii, iv, 1, 61, 165-172
　——の〈基盤〉　165-168, 170-172
　——の〈枠組み〉　iii, 1, 5, 10, 165-167, 169-171, 175
　——を疑う　169-171, 173, 175
生きられる空間　66, 67, 70
生きられる時間　66, 68, 69, 71, 72
生きられる時空間　61, 66, 70, 166
いじめ　ii, iii, vii, 3, 79-84, 87-92, 115, 124, 134
　——の4層構造　80
いじめ防止対策推進法　79
一方向的な感情移入　96-98, 100, 101, 103
一体感　86, 87
居場所　72-74
色優位性　50
WISC　59
映像思考　48, 49

■ か行

カウンセラー　105, 108, 110, 112-115
カウンセリング　vii, 105-108, 115
学習障害（LD）　46, 71
学力　16, 17
家族の形　22, 23, 25
家族問題　vii, viii, 15

学校心理士　106, 116
感覚スペクトラム　57, 58
感情移入　96-99, 171
　——論　95
感情伝播　86, 87
基本的自尊感情　154-158, 160, 165
義務教育　120, 121
虐待　ii
　——の〈世代連鎖〉　40, 41
キャラ　83, 92
キャリア教育　iii, vii, 147, 148, 151, 152, 159-162
教育相談　105
共同注視　155, 158
局所優位性　60
空気　79, 82-84, 89, 100, 101, 115
クライエント中心療法　107
群生秩序　83, 84
傾聴　108-110, 112, 113, 115
現象学　iv, 2, 10, 67, 74, 84, 95, 139, 171, 174, 175
高機能自閉症　94
広汎性発達障害　46, 59, 94, 104
子どもの貧困　15, 18
コミュニケーション　ii, 49, 99, 102, 129
　——能力　vii, 81, 94, 99, 161

■ さ行

サルトル，ジャン・ポール　139, 175

産業カウンセラー 113
ジェームズ, ウィリアム 153, 154, 159
シェーラー, マックス 86, 87
視覚優位（性） 47, 48, 52, 59
時空間感覚 vii
自己肯定感 150, 152
自己選択 160, 161
自尊感情 147, 152-154, 158, 159
自尊心 152
児童虐待 vii, 19, 31-39, 43, 167
児童虐待の防止等に関する法律（児童虐待防止法） 31-33
児童相談所 32-34
児童養護施設 3, 171
自閉症 vii, 46, 47, 93, 99-101, 103, 104
自閉スペクトラム症 59, 93-95, 99, 100, 103-105, 115, 167
自明性 168
社会的自尊感情 154-159
少子化 22, 23, 25, 119
職業観 148, 161
身体感覚 ii, 65, 68, 70, 72
身体的虐待 31, 35
浸透的で双方向的な感情移入 97, 98, 103
心理的虐待 32, 35
スクールカウンセラー（SC） 105, 106, 113, 116
スクールカースト 81-83, 92
スクールソーシャルワーカー（SSW） 106, 107, 116
住まう 67, 73, 74
性的虐待 31, 35
生徒指導提要 137, 142, 145
責任を免除する 4, 5, 9

世間 2-5, 9, 102, 165, 166
絶対的貧困 15, 16
センシティヴ sensitive 52-58, 65, 70, 94
全体優位性 60
線優位性 50
相互感得 86
相対的貧困 16
存在の肯い 147, 155, 161, 165

■ た 行
知覚 i, ii, 45, 61, 70, 79, 94
注意欠陥多動性障害（AD/HD） 46, 71
聴覚優位（性） 47, 48, 59
通告 33
DSM 59, 93, 104
低学力 126
統合失調症 122, 167
当事者 22, 53-56, 60, 94, 95, 99, 100, 101, 103, 104, 115, 125, 128
── 研究 60, 105
特殊出生率 24, 29

■ な 行
ナラティヴ 124, 125, 127, 128
ナラティヴ・アプローチ 124, 125
ニート 122, 129, 132, 150
認知 ii, iii, 45-48, 50, 59, 74, 95
認知件数 34, 135
ネグレクト 32, 35

■ は 行
ハイデガー, マルティン 2, 4
発生件数 34, 135

発達障害　vii, 45-47, 50, 55, 56, 59, 71
発達障害者支援法　45
反省　133, 137, 139-144
半透明　138-140, 144
ひきこもり　122, 123, 130, 132
非行　vii, 130, 133-136, 143
　── 少年　134, 136, 137, 144
標準世帯　21-23, 26
父子家庭　18, 19, 29
普通　1-5, 9, 15, 22, 26, 72, 129, 130, 149
フッサール，エトムント　96, 171
不登校　vii, 113, 114, 119-122, 125, 126, 128-131
フリーター　150
雰囲気　79, 83-93, 97-100, 102-105, 115
分節化　68, 69
平均的　1, 2
母子家庭　18, 19
母子世帯　18, 28

ボルノウ，オットー・フリードリヒ　67, 72, 74

■ま行
みんな　1-4, 9, 10, 16, 21, 22
メディアリテラシー　35
モンスターペアレント　iii, 19, 20, 26, 29

■や行
優しい関係　82, 83

■ら行
離婚率　16-18, 28
臨床教育学　i
臨床心理士　39, 105, 110, 116
ロジャース，カール　107-110, 112, 114
ローゼンバーグ，モリス　153

著者紹介

遠藤　野ゆり（えんどう　のゆり）
1978年生。東京大学大学院教育学研究科博士課程修了。博士（教育学）。山口大学教育学部講師、法政大学キャリアデザイン学部講師を経て、2013年4月より同准教授。主著『虐待された子どもたちの自立 ── 現象学からみた思春期の意識』（単著、東京大学出版会）、『家族と暮らせない子どもたち ── 児童福祉施設からの再出発』（共著、新曜社）、『教育を原理する ── 自己にたち返る学び』（共著、法政大学出版局）、『エピソード教育臨床 ── 生きづらさを描く質的研究』（共編著、創元社）。

大塚　類（おおつか　るい）
1979年生。東京大学大学院教育学研究科博士課程修了。博士（教育学）。日本学術振興会特別研究員PD（宮城教育大学）を経て、2012年4月より青山学院大学教育人間科学部准教授。主著『施設で暮らす子どもたちの成長 ── 他者と共に生きることへの現象学的まなざし』（単著、東京大学出版会）、『家族と暮らせない子どもたち ── 児童福祉施設からの再出発』（共著、新曜社）、『エピソード教育臨床 ── 生きづらさを描く質的研究』（共編著、創元社）。

あたりまえを疑え！
臨床教育学入門

初版第1刷発行	2014年4月15日
初版第5刷発行	2018年12月5日

著　者	遠藤野ゆり
	大塚　類
発行者	塩浦　暲
発行所	株式会社　新曜社
	101-0051　東京都千代田区神田神保町3-9
	電話 (03)3264-4973(代)・FAX (03)3239-2958
	e-mail : info@shin-yo-sha.co.jp
	URL : http://www.shin-yo-sha.co.jp
組　版	西田久美 (Katzen House)
印　刷	新日本印刷
製　本	丸和製本

© Noyuri Endo, Rui Otsuka, 2014 Printed in Japan
ISBN978-4-7885-1376-1 C1037

■新曜社の本■

中田基昭 編著／大塚類・遠藤野ゆり 著
家族と暮らせない子どもたち 児童福祉施設からの再出発　　四六判232頁／本体2200円

斎藤嘉孝 著
親になれない親たち 子ども時代の原体験と,親発達の準備教育　　四六判208頁／本体1900円

菅野幸恵 著
あたりまえの親子関係に気づくエピソード65　　四六判192頁／本体1900円

子安増生・仲真紀子 編著
こころが育つ環境をつくる 発達心理学からの提言　　四六判288頁／本体2300円

金菱清 著
体感する社会学 Oh! My Sociology　　四六判192頁／本体1900円

牟田和恵 編
家族を超える社会学 新たな生の基盤を求めて　　四六判224頁／本体2200円

辻本昌弘 著
語り── 移動の近代を生きる あるアルゼンチン移民の肖像　　四六判232頁／本体2600円

サトウタツヤ・若林宏輔・木戸彩恵 編
社会と向き合う心理学　　Ａ５判352頁／本体2800円

L. ダーリング−ハモンド・J. バラッツ − スノーデン 著／秋田喜代美・藤田慶子 訳
よい教師をすべての教室へ 専門職としての教師に必須の知識とその習得

四六判144頁／本体1600円

伊藤哲司・山崎一希 著
往復書簡・学校を語りなおす 「学び,遊び,逸れていく」ために

四六判256頁／本体2200円

今津孝次郎・樋田大二郎 編
続・教育言説をどう読むか 教育を語ることばから教育を問いなおす

四六判304頁／本体2700円

山岸明子 著
発達をうながす教育心理学 大人はどうかかわったらいいのか　Ａ５判224頁／本体2200円

小林秀樹 著
居場所としての住まい ナワバリ学が解き明かす家族と住まいの深層　Ａ５判216頁／本体2300円

H. R. シャファー 著／無藤隆・佐藤恵理子 訳
子どもの養育に心理学がいえること 発達と家族環境　　Ａ５判312頁／本体2800円

＊表示価格は消費税を含みません。